杜甫诗传

孤舟一系故园心

何灏 著

长江出版传媒　长江文艺出版社

图书在版编目（ＣＩＰ）数据

杜甫诗传：孤舟一系故园心 / 何灏著. -- 武汉 ：
长江文艺出版社， 2019.7
（浪漫古典行. 人物卷）
ISBN 978-7-5702-1000-8

Ⅰ. ①杜… Ⅱ. ①何… Ⅲ. ①杜甫（712-770）一传
记 Ⅳ. ①K825.6

中国版本图书馆 CIP 数据核字(2019)第 069260 号

责任编辑：张远林　　　　　　　　责任校对：毛　娟
封面设计：周　佳　　　　　　　　责任印制：邱　莉　杨　帆

出版：长江出版传媒｜长江文艺出版社
地址：武汉市雄楚大街 268 号　　　　邮编：430070
发行：长江文艺出版社
http://www.cjlap.com
印刷：武汉珞珈山学苑印刷有限公司

开本：640 毫米×970 毫米　　　1/16　印张：15.75　插页：1 页
版次：2019 年 7 月第 1 版　　　　2019 年 7 月第 1 次印刷
字数：240 千字

定价：36.00 元

目 录

chapter 01

第一章　春歌丛台

　　如果世上真有完美的人生开局，那一定非杜
甫莫属。

　　生在如日初升的开元盛世，沐浴文武两全的
先祖遗风，拥有颇负盛名的少年时代，杜甫的一
生，是从幸福开始。难以言喻到底是幸还是不
幸，总之这段鲜衣怒马的早期个体生命印迹，与
他记忆里最初花团锦簇的长安相和相从、异曲同
工，如同一场无比华丽、从容的出场，也决定了
他未来人生始终坚定不移的走向。

　　那段无懈可击的时光里，他身体里流淌的血
液、他如山如水的眉眼，他的任何顾盼与微笑，
都与这个时期的唐王朝一样，流露着与生俱来的
自信和昂扬。这种自信和昂扬来自杜甫祖先光荣
的印迹，也来自杜甫与巍峨长安城共同的意识和
记忆。明媚里生出的朴素坚韧，充满刚强而不乏
柔情。毫不迟疑的抉择，随时准备投身泱泱大国
的励精图治，永远忠君爱国的心境一直都在，从
不会失去。

那段时光，是秦淮河兴起的第一丝波澜，是瓦官寺佛像唇角泛起的半点慈悲。那段时光，秦皇霸迹仍在，越女如莲似云，布满长空的永远是止不住的美丽江南烟雨。那段时光，是泰山日出照耀下消逝无踪的落第惆怅，是齐赵山水间挥洒的青春裘马清狂。那段时光，如同胡马嘶吼，苍鹰鸣啸。

毕生难忘，杜子美的青春，青春的长安。

生于盛世

我生于盛唐。

我出生时，李隆基即位。如同这位皇帝那场旷世的爱情，时代极其丰美。英伟的帝王横空出世，一切血腥宫廷风暴戛然而止。姚崇、宋璟等一干贤相在朝，僧尼们纷纷还俗，朝堂上常常响起李隆基最爱的羯鼓声。

此为开元盛世。

是真的盛世。

我出生及嗣后一段时期里，唐王朝承平日久。刑政平，风俗厚。四郊无虞，居人满野，桑麻如织，鸡犬之音相闻。开远门外往西而行，绵延万余里，路不拾遗，行者不赍粮，丁壮之人不识兵器。这个时代，一天一天，越来越富足，也越来越单纯。富庶的时代人丁兴旺且不生盗贼。

兴盛的还有艳阳、云雾、露水、朝生暮死的花朵、"无用"的艺术。

姚崇豪爽，为政简肃，能谋善断。宋璟耿介，公正无私，直言敢谏。于是政局清明、朝堂安稳。

热爱艺术的李隆基得以带头制礼作乐，音乐、诗歌，柔媚的、狂放的，在长安城里巷街头久久回荡。那音乐、词句仿佛随风而至，透过湿润的岁月，滴

落到中原世界，滴落到我那青春的踌躇满志的心里。

此等安宁幸福，何等安宁幸福。

直至我已五十三岁，身在阆州、白头犹记：

忆昔开元全盛日，小邑犹藏万家室。稻米流脂粟米白，公私仓廪俱丰实。九州道路无豺虎，远行不劳吉日出。齐纨鲁缟车班班，男耕女桑不相失。宫中圣人奏云门，天下朋友皆胶漆。百余年间未灾变，叔孙礼乐萧何律。（《忆昔二首》其二）

家家有余粮，户户衣食无忧。百姓安居乐业，社会安定团结。初生之时的美好，我始终念念不忘。试问谁又肯忘？

我尚记得，初来人世，黄花川、清溪水，温暖地流淌在我的生命中。漾漾菱荇、苍苍蒹葭，明亮摇曳在我生命里。

富足而和平的世界对孩子的影响是深远的。我的心最初没有伤痕，只有无上的勇气和志向。这无上的勇气和志向，除源自歌舞升平的盛世，还来自我血液里的无法抹去的先祖遗风。

事实上，我的生命中充满了非常之人。

我是官宦后裔。晋代名将杜预是我的十三世祖，文治武功，史有记载。他是明朝之前同时进文庙武庙第一人。杜预在我心里是完美的。

出人意料的是，杜预并无武功。他甚至不会骑马，箭术也颇不高明。他的过人之处在头脑，尤善知己知彼。

咸宁五年（279）十一月，晋武帝调集二十多万大军，兵分六路，水陆齐进，大举进攻东吴。杜预为西线指挥，负责取江陵、占荆州，"试拂铁衣如雪色，聊持宝剑动星文"。

江陵城防坚固，易守难攻，杜预围而不歼。他采用外围作战，先是切断江陵和外部的联系，接着派八百壮士夜袭江南乐乡，他们在山上点火立帜、虚张声势，又冲下山分袭各个要害。最后干脆乔装打扮，混进吴军活捉了都督孙歆。

杜预用此计谋巧夺江陵，占据荆州。之后挥师东进，配合其他地区各路晋军攻打孙吴都城建邺。与此同时，还分兵南下，攻占了交州、广州地区。

西晋灭孙吴的战争是中国历史上一次重要的战争。它结束了汉末、三国以来之分裂割据，使中国重归一统。此次战争，也是魏晋南北朝四百年间唯一一次成功的统一战争。

灭吴一役，我祖杜预功勋卓著，共斩杀、俘虏孙吴高级官吏十四人，中级官吏一百二十人，故受封当阳县侯。

我真仰慕他：出奇制胜如风雨之飘忽，如鬼神之变幻。

不单如此，他是全才。政治经济、历法法律、天文地理，无所不知，人称"杜武库"。他完成了《晋律》的所有注解，对汉魏旧律大刀阔斧剪裁，最终以二千九百余条、十二万六千余字的成品被誉为"实曰轻平，称为简易"。

他还擅科学发明，复制出失传已久的欹器。他主持修建了富平津大桥，一举解决洛阳的交通问题。他两次上书，陈述大面积涝灾救助计划，直指粗放滥垦、火耕水耨及陂堨失修等痼疾，并提出坏陂宣泻的解决之道，言之有据，言之成理。

我的十三世祖杜预，出自儒雅，卒致军功，这样完美。

他是我的信仰和榜样。他曾经成就的事业，我也想去追求。

这追求，终我一生，不曾磨灭。即使我五十七岁，仍有此拳拳之心：

肃宗昔在灵武城，指挥猛将收咸京。向公泣血洒行殿，佐佑卿相乾坤平。逆胡冥窦随烟烬，卿家兄弟功名震。麒麟图画鸿雁行，紫极出入黄金印。尚书勋业超千古，雄镇荆州继吾祖。裁缝云雾成御衣，拜跪题封贺端

午。向卿将命寸心赤，青山落日江潮白。卿到朝廷说老翁，漂零已是沧浪客。（《惜别行，送向卿进奉端午御衣之上都》）

不仅如此，我的家族，杜预以下，代代为官。"鼎铭之勋"，世代照耀。这是家族传统，更是家族荣光，这光芒是我自幼立志终身"奉儒守官"的不竭源泉。

我的祖父是杜审言，是个狂狷的才子。祖父狂得可怕，曾声称"吾文章当得屈、宋作衙官，吾笔当得王羲之北面"。

我是晚辈，不能置评，但心里羡慕他的轻狂。虽然恃才狂傲不够可爱，然整个洛阳城，无人不公认祖父擅写五律。那时节，他与李峤、崔融、苏味道并称"文章四友"。

我喜欢他那首《和晋陵陆丞早春游望》：

> 独有宦游人，偏惊物候新。云霞出海曙，梅柳渡江春。淑气催黄鸟，晴光转绿蘋。忽闻歌古调，归思欲沾巾。

此诗格调独特、才华横溢。尤其一、二句，奇特的起句和意境，像喜悦里突然闪现的忧伤，多么清新。

祖父还有一首五言排律《和李大夫嗣真奉使存抚河东》，诗用了整整四十韵，不愧为当时第一长篇。故后来我也曾尝试着写一些排律，窃希望能有祖父的神韵。

"诗是吾家事"，我对诗歌的热爱，从此开始。只是没想到，我百年之后，竟能与祖父齐名，总算不是"不肖"吧。

祖父的小儿子杜并，我的伯父，是个孝子。他的故事使我热泪盈眶。

伯父自小聪敏，日诵万言，尤精翰墨。8岁时，祖母去世，伯父伤心欲绝，竟至双目流血。不过8年，伯父也死了，他死于祖父的骄傲。

祖父一向难以与人相处。他曾是洛阳丞，后来被贬为司户参军。为官期

间，祖父始终脾气不好，与同僚不和。有人便不快，欲置他于死地。

司户郭若讷因此在司马周季重跟前陷害祖父。郭周二人罗织罪名，使祖父身陷囹圄，并计划斩杀祖父。

伯父杜并，时年 16 岁。他预感到失去父亲的危险，不思饮食，日渐消瘦，整日闭口不言，却每天悄悄打探司马府的动静。

七月十二日，那天特别炎热。周季重心情舒畅，在府内大宴宾客。当朝司马，谄媚者众，这使周季重丧失了警惕。

伯父一身短打，顺利潜入司马府。宴席正浓，"隔座送钩春酒暖，分曹射覆蜡灯红"。周季重坐在首席，言笑晏晏，与一众宾客推杯换盏。

伯父忽然出现，摸出袖里暗器，向周季重刺去。顿时血流如注，席间大乱。

然而府内官兵很快蜂拥而至，伯父死于乱刀。青春年少的生命，就那样消隕。伯父临死，见周季重同样倒在血泊之中，遂平静就戮。

周季重没有即刻死去，但受了重伤，奄奄一息。他来得及感慨：始料未及，杜审言竟有孝子如此。

祖父因此得救，由是免官，重回洛阳。三年后，武后长安二年（702），祖父方收拾儿子遗骸，瘗于祖坟，在洛阳建春门东五里，偃师首阳山前。

伯父的死震惊朝野。左台监察御史苏颋为他写了墓志："安亲扬名，奋不顾命，行全志立，殁而犹生。"

再后来，武后起用祖父为著作佐郎，曾问他："卿喜否？"祖父凝视儿子用生命换来的自由和富贵，百感交集，无言以对。

我的祖先还有个故事，悲伤里有愤懑，愤懑中有痛快。

我的祖先杜叔毗，梁朝宜丰侯萧循府中直兵参军，为人慷慨，气节俨然。大统十七年（551），西魏宇文泰派大将军达奚武攻打汉川，次年围困萧循于南郑。我祖被派前往讲和。

宇文泰"见而礼之"，我祖因此滞留长安。

我祖之兄杜君锡、侄子杜映、杜晰，均在萧循部下任参军，"并有文武材略，各领部曲数百人"。当时萧循军中，曹策、刘晓两位参军策划投降。他们忌惮杜氏军队，于是诬以谋叛，并恶毒灭门。

事后，萧循得知真相，怒不可遏。但他斩了刘晓，却赦免了曹策。

后来，曹策随萧循投降西魏，来到长安，与我祖狭路相逢，仇人相见分外眼红。我五世祖杜叔毗日日号哭，向朝廷申诉，但朝廷并不想多管归附之前旧事。于是，我祖寻思凭一己之力报仇，奈何老母仍在，不敢轻易以身犯险。

老母也非寻常之辈，她凛然教子："汝兄横罹祸酷，痛切骨髓。若曹策朝死，吾以夕殁，亦所甘心。汝何疑焉?"于是杜叔毗白日手刃曹策，断首刳腹，解其肢体，然后自请就戮。

万幸我祖并未赔上性命。宇文泰一时之杰，颇有胸怀。他嘉其志气，特命赦之，并累迁其至硖州任刺史。后来，我祖在硖州刺史任上从卫国公南讨，军败，为陈人所擒。他不受陈人劝降，坦然受死，终结了气节凛然的一生。

便是如此，我的家族里，仁慈刚烈，常常集于一人之身。

例如我的姑母。

我最亲近的人，不是母亲，而是姑母。母亲姓崔，出自清河大族，本是大户人家的女儿。然而我对她记忆模糊，因年幼时，母亲便去世了。我自幼被寄养在洛阳仁风里二姑母家。虽是寄养，但姑母对我视如己出。她是位伟大的女性，仁爱而坚定。

姑母原本也有个儿子，有一次我们同时生病，姑母问于女巫。女巫说，放在东南方向的孩子才能痊愈。当时，住在东南的是我堂兄。姑母毅然让他和我交换居住，堂兄就此夭折，而我却真的好了起来。我的身体好了，姑母内心的隐痛却永无法补偿，但她从不让我看到她的悲伤。

姑母去世时，我三十一岁。我不是"如丧考妣"，是真的失去至亲。那时我方了解，何谓"情至无文"。

洛阳仁风里，是我终生的感念。

"裁缝云雾成御衣，拜跪题封贺端午。"忠君爱国之心绵绵不绝。

家族历史里晃动的身影，那些流传不灭的故事，是我的刚烈，我的仁慈，我的坚持。

我是杜甫，杜子美。

游历吴越

开元十九年（731），我二十岁。世界那么大，我想去看看。

四海八荒丰草长林，水陆便利，驿站棋布。盛唐的旅途四通八达，熙熙攘攘。

毫不迟疑，我决定往吴越游历。我要去向往已久的江浙之地，去看范蠡飘然远去，去看周瑜羽扇纶巾，去看谢安的东山，去看王羲之的兰亭。

江南诗赋地还有我的许多亲人。浙江武康县尉杜登是我的叔父，江苏常熟县主簿贺㧑是我的姑父。我将穿越"两行秦树直"到吴越，我将穿越青春的悸动与期待到吴越。

清晨，我从洛阳乘船出发。那一天，我坐在船边，凝视荡漾的江水，思绪茫然，直到夕阳西下。"浩浩风起波，冥冥日沉夕。"那个黑夜里，我的梦境全是吴越的山水人文。它们涌向我，以河姆渡的鹿角、以潋滟的西湖，以断发文身的豪迈、以龙舟的欢畅、以丝绸的柔媚。

一路经广济渠、淮水、邗沟，我的心随江波摇曳。终于，在白天与黑夜的反复交替之后，我渡过长江来到了后世称为南京的江宁。

江宁的日子分外快乐。我在山水间漫游，意气风发、青春蓬勃。与自然相交，无比快意。与友人邂逅，极其温暖。

那实在是不可多得的日子，也是一去不复返的日子，是我心底隽永的

美好。

二十七年后的乾元元年（758），同事许八回家省亲。

许八是我的江宁旧友，我们曾同于风华正茂之时领略过秦淮河的粼粼波光和撩人夜色。

站在渡口，眺望他随水而去，我有些恍惚。那段漫游吴越的青春往事仿佛自水色中浮现。

当年淮阴清夜里温暖的驿站，京口如麻的渡江航船，破晓时分沁人心脾的清雅竹庭，山间吹来的沁人晚凉，还有那些酒宴的迷醉，城隍庙祷祀的疯狂，一一涌上心头。

而我最不能忘的是那幅画。

三十年后，我仍记得步入秦淮河北岸瓦官寺时肃穆的心情。瓦官寺因山为基，十丈高，寺影倒映江中，几乎占去江面一半。唐仁杰任溧阳主簿时，曾盛赞其"云散便凝千里望，日斜常占半城阴"。李白《横江词》则言其"一风三日吹倒山，白浪高于瓦官阁"。

我慕名前往，我要去看顾恺之那幅壁画。顾恺之博学多才，世人赞他"三绝"："才绝""画绝"和"痴绝"。其"迁想妙得""以形写神"等论对中国传统绘画的发展影响至深。

顾恺之有故事。据说他曾经爱上一个女子，却遭到拒绝。于是顾恺之施展绝技，将女子的图像画在墙壁上，并用棘针钉其心，女子由此心痛不已。

顾恺之佯作不知，仍殷殷致意。病痛中的人多软弱，女子终于被感动，接受其爱情。顾此时才悄悄拔去画心上的棘针，女子心痛从此痊愈。

渐入佳境这个成语，说的也是顾恺之。传闻顾恺之吃甘蔗一反常态，人们吃甘蔗，喜欢从最甜的地方吃起，吃到涩处便弃之。顾恺之不然，他自末梢开始，从苦涩吃到甘甜。

仿佛他所追求的人生。

壁画也有故事。

兴宁中，瓦官寺初置。僧众于是设会，请朝贤捐钱，那么多捐钱的，却没有一个超过十万。顾恺之微微一笑，出手就是百万巨资，然而是写在纸上的数字。

事毕，寺僧请他兑现捐资，顾恺之说："宜备一壁。"接下来的一个月，顾恺之就在寺中闭门面壁创作。当创作结束时，一幅精妙的维摩诘画像呈现在众人眼前。

画像自然极好，只剩点睛。顾恺之说，第一日观者，请施十万。第二日观者，可五万；第三日观者，可任其施。

寺门开了，闻讯而来的香客挤满了寺庙。

已经完成的维摩诘画像眼波有神、栩栩如生，俄而得百万钱。顾恺之画像妙绝如此。

有本事的人，本事便是万贯家财。

因为这故事，我早就极想观摩这幅真迹。那次，我真的见到了。

那画法相庄严，仿佛有某种神秘的力量，令人无法移步。那一刻我终于懂得了何谓"以形写神"，终于懂得了何谓紧劲连绵，如春蚕吐丝、春云浮空。

黄昏，我怀揣从许八那求来的维摩诘画像图样，徘徊在瓦官寺门外不舍离去。目光所及之东北，是顾恺之的宅第。是夜微雨，我在飘飞的湿润里，但思惆怅南朝事，只见长江独至今。

我默默在脑海中勾勒，他宅内所建画室，那样高远、寂寞。想他风雨寒暑，一切不淡定不从容的日子从不下笔，天气晴朗才肯登楼作画。一旦登楼则去梯，妻子罕见。任世事上天入地，他只管抛却俗务，潜心作画。

此等人物，谜之传说。

这段心情，我记在一首小诗里。

诏许辞中禁，慈颜赴北堂。圣朝新孝理，祖席倍辉光。内帛擎偏重，宫衣著更香。淮阴清夜驿，京口渡江航。春隔鸡人昼，秋期燕子凉。赐书夸父老，寿酒乐城隍。看画曾饥渴，追踪恨森茫。虎头金粟影，神妙独难

忘。(《送许八拾遗归江宁觐省。甫昔时尝客游此县，于许生处乞瓦棺寺维摩图样，志诸篇末》)

在江宁时，我还常常与棋友旻上人同游。有时，我携了棋局去见旻公，他却让我跟他去寻涧竹。有时，我邀他出游，他并不避世俗，披了袈裟便与我泛舟。

这些惺惺相惜的往事，这些坦诚洁净的情谊，若干年后，历历在目。当时老泪潸潸，我还托许八给旻公带了封信。

不见旻公三十年，封书寄与泪潸潸。旧来好事今能否，老去新诗谁与传。棋局动随寻涧竹，袈裟忆上泛湖船。闻君话我为官在，头白昏昏只醉眠。(《因许八奉寄江宁旻上人》)

旧来好事，老去新诗。一切悲欢，且在其中吧。

"王谢风流远"，在江宁盘桓一阵，我去了苏州。

苏州太值得驻足。从阖闾到夫差，一个个帝王的志向与败亡，朝代更迭、兴衰荣辱，姑苏台知道、虎丘剑池知道、长洲荷芰知道。阊门的嵯峨、清庙里不朽的池塘，在在都见证太伯三让天下的胸襟。为知己者死的专诸、锦衣夜行的朱买臣，个个皆身负引人入胜的古风。

我时时陷入对历史过往的沉思里，深感不虚此行。

是的，这些富贵荣华，这些君临天下，都如三百里姑苏台，今已成灰烬。志向理想都终将成万千灰烬，但青春的我，并不因此沮丧。

我不惧失败，不惧死亡。一切消逝悲凉，对于青春的心，都是太遥远的故事。我可以惆怅，却并不迷茫。我甚至想象自己在那森严的朝堂上，与天子论天下事、为长夜之饮。至于春宵宫禁、虎丘海涌，那都是将来的事，我不在意。

曾经在苏州，看着兰舟处处，我忽然动了去扶桑的念头。

传说扶桑在大汉国东二万余里，地在中国之东，其土多扶桑木，故以为名。万里之外，在海的那一边，不知是福是祸，然而未知总是美。

我想去看看似桐的扶桑叶，看看写在扶桑皮上的异国文字。想去体验无兵甲、不攻战的国度是什么样子。想去喂鹿如喂牛。想目睹在女家门外作屋、晨夕洒扫、取悦女子的男子生得何等柔媚？想去验证其东千余里之女国，女子如何入水产子？其子又如何百日能行，三四年成人？男子如何狗头人身？

当然，这只是偶然的念头罢了，传闻并不可靠。我也舍不得我的富丽大唐王朝，且让渺茫中的扶桑随波荡漾，一船明月一帆风吧。

于是，我离开了苏州，前往绍兴。

东游到此，颇多圣迹。绍兴，有太多秦始皇的足迹，我似乎一路被他的气息笼罩。这位伟大的皇帝，几百年后依然霸气逼人。

他曾在会稽祭祀大禹。他四处巡游，这里刺一剑，那里刻几个字，以昭告天下他的威武驾临。我一路朝圣，"枕戈忆勾践，渡浙想秦皇。"

终于到了绍兴。"晚风吹行舟，花路入溪口"，迎面而来的是鉴湖。我被鉴湖震撼了，我被鉴湖的莲震撼了。

三百里鉴湖，三百里荷花。五月的鉴湖，全是亭亭的莲。

"越女天下白，鉴湖五月凉。"莲的气质正与越女同，不蔓不枝，可远观而不可亵玩焉。

我决定在此住下来。青春的梦想遭遇鉴湖的蓬勃辽远变得柔软，我想我也许可以暂时停下来，与莲相对，与山峦同醉。

未来几年里，我自嵊县而南，先后去了剡溪，去了嵊山、崤山。我曾在新昌县小住，游天姥山。又去了天台县，游天台山。

"剡溪蕴秀异，欲罢不能忘。"九曲逶迤、青山处处、田园秀丽，剡溪是这样的剡溪。

而剡溪不能忘记的，是雪夜访戴的王徽之吧。

王徽之，字子猷，居绍兴。那是一个大雪夜，他忽然醒来，推窗四望皎然。再也无法入睡的子猷，在雪景中自斟自酌，颇感寂寞。他咏起了左思的《招隐诗》，吟诵之间想起了戴安道。戴安道，著名画家，擅长雕刻，官寺里也有他制作的佛像。

戴安道工书画，能鼓瑟。此时，因为拒绝为武陵王司马晞鼓瑟，不为王门伶，他正举家隐于剡县，立志终身不仕。

也许静寂的夜晚犹如隐士一般神秘，子猷于是乘夜前往拜访。小船在冬夜里寂寞前行，只有船桨的声音不时划破夜的黑。这样过了一整夜，小船终于到达。然而子猷忽然兴尽，竟挥挥手，不见友人而返。

剡溪的淡定从容，一如戴安道，一如王子猷。

想那些日子，我也曾经悄然独坐，在天姥山的群峰下，听猿猴回荡在山间的清啸之音。那些青鞋布袜、那些不问繁华，真是人生最幸福的段落。"野亭春花远，渔翁孤舟立"，我也如戴安道一般，在船头呆立，看柳暗花明、看孤舟蓑笠、看江南烟雨。

> 堂上不合生枫树，怪底江山起烟雾。闻君扫却赤县图，乘兴遣画沧洲趣。画师亦无数，好手不可遇。对此融心神。知君重毫素。岂但祁岳与郑虔，笔迹远过杨契丹。得非元圃裂，无乃潇湘翻。悄然坐我天姥下，耳边已是闻清猿。反思前夜风雨急，乃是蒲城鬼神入。元气淋漓障犹湿，真宰上诉天应泣。野亭春还杂花远，渔翁暝踏孤舟立。沧浪水深青且阔，欹岸侧岛秋毫末。不见湘妃鼓瑟时，至今斑竹临江活。刘侯天机精，爱画入骨髓。自有两儿郎，挥洒亦莫比。大儿聪明到，能添老树巅崖里。小儿心孔开，貌得山僧及童子。若耶溪，云门寺。吾独何为在泥滓，青鞋布袜从此始。(《奉先刘少府新画山水障歌》)

这样的日子过了四年。开元二十三年（735），我回到东都，参加在崇业坊福唐观举行的进士科考试。然而，我落榜了。

春天再来的时候，我再次离开故土。

云一朵、云两朵、云三朵、云四朵，我望着天上的云朵，再次踏上漫游之路。

开元二十三年（735），二十四岁，我落第了。

"气劘屈贾垒，目短曹刘墙。忤下考功第，独辞京尹堂。"回想起放榜时的期待与空虚，不是不失落，但我并不悲伤。

我还年轻，我繁盛的唐王朝也还年轻。"行当浮桂棹，未几拂荆扉"，我随时可以重头再来。所以，即使东都崇业坊福唐观的进士科考试场景仍历历在目，即使殿试的威严与吸引还时时袭来，我仍启程去了兖州。

我的父亲杜闲，此时在兖州做司马。我怀揣下第的几丝不安与豁达，前往省亲，顺便游历齐赵。

到山东不久，我同父亲一起登上城楼。

东郡趋庭日，南楼纵目初。浮云连海岱，平野入青徐。孤嶂秦碑在，荒城鲁殿余。从来多古意，临眺独踟蹰。（《登兖州城楼》）

站在城楼上，迎着青春岁月，迎着风。眼看浮云蔽白日，东海和泰山皆在云中。原野一马平川直入青州、徐州。

秦始皇登峄山所刻石碑、汉景帝子鲁恭王修的灵光殿，如今只剩荒芜。于城楼上远眺，在流光中徘徊，我陷入了历史的想象中。

始皇二十八年（前219），嬴政东行郡县，上邹峄山，刻石颂秦德，议封禅。当时皇家队伍旖旎而至，何等壮观。西汉景帝之后，兖州曲阜县城中，景帝之子鲁恭王灵光殿初成。

灵光殿嵯峨崔嵬，丰丽轩敞，端然帝室之神威。我想起了祖父杜审言的那首《登襄阳城》：

旅客三秋至，层城四望开。楚山横地出，汉水接天回。冠盖非新里，章华只旧台。习池风景异，归路满尘埃。

宏阔千里，逶迤千年，满目尘埃。不管经历多少时日，经历多少兴废，祖父与我，心有戚戚焉。

这或许并非不幸，而是幸运。

开元二十四年（736）至二十八年（740），我二十五岁到二十九岁之间，都在齐赵漫游。

"放荡齐赵间，裘马颇清狂。"这段日子，陪伴我最多的是监门胄曹苏预。

苏预一直住在泰山，是个孤儿。他曾经穿着霉烂衣裳在贫穷里煎熬多年，他总在夜里就着柴火念书。那些孤独而漫长、黑暗而充满希冀的光阴，赋予他乐观与淡定。有时，他从泰山上下来，到莱芜县背点口粮回去。当他褴褛的身影穿过闹市，没有人会留心他躯壳里那颗倔强的灵魂。

生活这么苦，苏预却总是笑着。春暖花开，他带我去邯郸。

说是邯郸城，其实应该是邯郸驿。隋文帝杨坚一把大火烧掉了邺城，再经战火，此时的邯郸城已经衰落为一座蕞尔小县。如果不是身处太行山东麓的南北"大官道"，或许连驿站都不是。

邯郸已然破败。约七十年后，白居易写了"邯郸驿里逢冬至，抱膝灯前影伴身"的诗句。那时的邯郸将更加荒凉了，但武灵丛台还在。

物质破败了，精神不朽。

武灵王即位后，决心振兴赵国成为七雄中的强国。他看到当时北方"胡

人"身穿窄衣，能征善战，遂让赵国上下都改穿胡服，勤练兵马。丛台上曾无数次留下赵王操演军马的身姿。终于，赵武灵王"胡服骑射"的举措，使赵国日益强大，终能与秦国相抗衡。

而丛台，更以规模宏大、结构奇特、装缀美妙、雄伟壮观成为赵国兴盛的象征，名扬列国。

在兖州，我和苏预不止一次登上丛台。我俩细细端详那些天桥、雪洞，在楼阁、花苑中沉吟。天桥如虹，雪洞迷离，往事如烟。但在如烟往事里回望，我们依然激动不已。仿佛那些号角与硝烟依然弥漫着，使我们的热血无数次沸腾。

白雪皑皑之际，我与苏预，去了青丘。

黄帝斩蚩尤，便在青丘。《归藏·启筮》云："蚩尤出自羊水，八肱、八趾、疏首，登九淖以伐空桑，黄帝杀之于青邱。"苏预说，青丘跟涂山一样，多九尾狐出没。大禹治水时，往来于涂山一带，在路上遇到涂山氏女，相传涂山氏女便是一只九尾狐。而《山海经·南山经》中这样写道，青丘之山……有兽焉，其状如狐而九尾，其音如婴儿，能食人……据说后来青丘县移到了濮水以北，称离狐。

《元和郡县志》则记载，"齐景公有马千驷，田于青丘"，故将青丘改名为"千乘"。我对千乘比较感兴趣，在齐景公曾经畋猎过的青丘，我和苏预策马奔腾。我们放出鹰，任鹰凌厉地在天际盘旋。

皂荚树和枥树目睹过我们怀旧的喜悦。彤云笼罩、白雪覆盖的山冈听到过我们激昂的呼啸。当我一箭射下大鸟，我和苏预相对抚掌大笑。

暂时没有考中讲十算什么，一切才刚刚开始。我们的未来将有无数的丛台与青丘，生命中多的是未知的惊喜。

惊喜很快来了。

开元二十七年（739），我与高适，在齐南鲁北、汶水之上相遇。那是写《燕歌行》的高适，那是大丈夫高适。

高适长我八岁，他是我见过的性格特别坚强的人。他为人有游侠气，作诗则"雄浑悲壮"。

他出身贫寒，却一身磊落。他不纠缠于个人悲欢，但对人的认识直观深刻。他气格非凡，朝野通赏。

十年后，世人将读到他那首名诗《别董大》："千里黄云白日曛，北风吹雁雪纷纷。莫愁前路无知己，天下谁人不识君。"天下谁人不识君，真真豪迈。我预感，他的纵酒狂狷将流芳千古。

高适的诗歌用词简净，直抒胸臆，夹叙夹议，快意恩仇，充满江湖儿女的豪情。当时我已为他的《燕歌行》绝倒。

这首诗是这样来的。开元二十六年（738），有从御史大夫张守珪出塞而还者，写了一首《燕歌行》赠给高适。高适一向对东北边塞军事特别关注，开元十五年（727），他曾北上蓟门。开元二十年（732），信安王李祎征讨契丹，他又北去幽燕到信安王幕府效力，可惜未果。

我们在山东时，他也常常对我谈起本朝与契丹和奚族的恩怨，尤其对开元二十四年（736）以后的两次战败扼腕叹息。那两次战败分别是：开元二十四年（736），幽州节度使张守珪令安禄山讨奚、契丹，为虏所败。开元二十六年（738），幽州将赵堪、白真陀罗矫张守珪之命，逼迫平卢军使乌知义出兵攻奚、契丹，先胜后败。

高适和的这首《燕歌行》，乃讽开元二十六年（738）"守珪隐其状，而妄奏克获之功"。他是这样写的：

汉家烟尘在东北，汉将辞家破残贼。男儿本自重横行，天子非常赐颜色。摐金伐鼓下榆关，旌旆逶迤碣石间。校尉羽书飞瀚海，单于猎火照狼山。山川萧条极边土，胡骑凭陵杂风雨。战士军前半死生，美人帐下犹歌舞。大漠穷秋塞草腓，孤城落日斗兵稀。身当恩遇恒轻敌，力尽关山未解围。铁衣远戍辛勤久，玉箸应啼别离后。少妇城南欲断肠，征人蓟北空回首。边庭飘飖那可度，绝域苍茫更何有。杀气三时作阵云，寒声一夜传习

斗。相看白刃血纷纷，死节从来岂顾勋。君不见沙场征战苦，至今犹忆李将军。

《燕歌行》是曹丕开创的乐府调子，历来写怨妇秋思。而高适不拘一格，用来写了粗豪的边塞将士生活。他是这样写的第一人，整首诗写来却豪不违和。

大漠、枯草、孤城、落日的凄凉，横行、杀气、白刃、死节，豪气千钧，这是高适的"第一大篇"，更是本朝边塞诗杰作。

而我更加欣赏高适此诗深重的讽刺意味。张守珪与奚族战败却谎报胜绩，时人皆讳言，独高适作诗以讽。他讽刺将领不恤战士，不体谅其为国御敌之辛勤，"战士军前半死生，美人帐下犹歌舞""少妇城南欲断肠，征人蓟北空回首"。

一将功成万骨枯。将领并未功成，一样封侯，而战败的士兵，"相看白刃血纷纷，死节从来岂顾勋"。

高适的政治见地与文学水准相得益彰，令人佩服。我认为这是一种能力，一种在善与美之间架设平衡的能力。

认识高适时，他比较困苦，然而我不曾见他眉宇间有任何忧愁之色。后来，他果然被荐举中"有道科"，做了封丘县尉。安史之乱后，他又被玄宗和肃宗赏识，加上围攻永王璘有功，连续升迁，最后任至散骑常侍。有格局的人，最终也会创造格局。

我的朋友兖州人张玠也是这时认识的。

张玠不俗，轻财重士。安史之乱时，他率乡豪集聚兵丁杀了安禄山将领李庭伟。待朝廷封赏时，他却已经远游江南、不以利禄为意。任侠，而又以不贪为宝，这样的人，我自然乐意结交。

张玠的儿子张建封，当时才六七岁，但后来却大大有名，大概因为他有位爱妾名唤关盼盼。

关盼盼极美，原本出身于书香门第，后家道中落。她精通诗文，更有一副

清丽动人的歌喉和酷炫的舞技。她能一口气演唱白居易的《长恨歌》，也能跳迷离的《霓裳羽衣舞》。当时驰名徐泗，白居易赞她"醉娇胜不得，风袅牡丹花"。

张建封是武官，但并不粗野，颇通文墨。对关盼盼是真爱，他特地为她在徐州西郊云龙山麓，依山面水建了一座雅致别墅，名为燕子楼。

不幸的是，两年之后，张建封因病过世，府中姬妾风流云散。唯关盼盼只身移居燕子楼，与一年迈仆人相从，与世隔绝，守楼不嫁。

她常常伫立楼上看夕阳暮色，或在溪畔柳堤漫步，就那样度过了青春貌美的十五年。

最终不食，抑郁而终。

在兖州，我常常去张玠家中喝酒。

> 之子时相见，邀人晚兴留。霁潭鳣发发，春草鹿呦呦。杜酒偏劳劝，张梨不外求。前村山路险，归醉每无愁。（《题张氏隐居二首》之二）

我喜欢那沿途清潭里鳣发发的鱼儿，也喜欢那春草丛中呦呦鸣叫的麋鹿。夕阳中我饮尽友谊的醇酒，些许微醺走在山村小道上，那是多么惬意的时光。

后来，苏预做了东平太守，肃宗时为秘书少监，张建封则做到检校右仆射。这些个性鲜明的人，都先后拥有生命的淡雅与醇香。

而我将永远记得放荡齐赵、裘马清狂的壮游岁月。

> 放荡齐赵间，裘马颇清狂。春歌丛台上，冬猎青丘旁。呼鹰皂枥林，逐兽云雪冈。射飞曾纵鞚，引臂落鹙鸧。苏侯据鞍喜，忽如携葛强。（《壮游》）

自然，这段时光也不全是高歌纵酒，例如与任城许主簿同游僻静南池，也是有的。那是个秋日，"秋水通沟洫，城隅进小船。晚凉看洗马，森木乱鸣

蝉。菱熟经时雨，蒲荒八月天。晨朝降白露，遥忆旧青毡"。

在微凉的夜色里看马夫洗马，在森林中穿行听蝉。那扑面而来的秋天露水，那不时引动的乡思，则是欢畅之间偶现的哀愁，不提也罢。

登上泰山

在山东最令人激动的事情，是登上泰山。

泰山在山东以东，海拔一千五百余米。山路盘曲蜿蜒，自下而上，约四十余里。周围一百六十余里，绵延不绝于济南、长清、历城、泰安之间。自山顶望去，整座山峦，"白云回望合，青霭入看无"，此即齐鲁青未了。

站在山顶，我内心一阵狂喜。

那一刻，泰山顶上的我，已经不是我。

我是汉代的张衡，抑郁不得志，彷徨又彷徨。于是我唱："我所思兮在太山。欲往从之梁父艰，侧身东望涕沾翰。美人赠我金错刀，何以报之英琼瑶。路远莫致倚逍遥，何为怀忧心烦劳。"

我心中所系那美好的女子，她身在泰山。泰山遥远险峻、莫可名状，此地小山错落、"梁父"阻隔，而我只能侧身东望，泪湿衣裳。

仰望泰山的我，手中握着一把"金错刀"。这枚"一刀平五千"的刀币，环柄为一方孔圆钱，刀身为其下部。刀上刻有两字：环文为"一"，刀身为"刀"，字陷处填以黄金，故称金错。刀身上铸有阳文"平五千"，这是一枚价值五千文铜钱的刀币。多么古拙稳重，多么秀美温存，如同美人赠我的心意。

而我想回赠她"英琼瑶"，但美玉却无法送达。我是怀才不遇的张衡，我的美人汉安帝，在泰山之巅，无法企及。

那时节，泰山顶上的我，已经不是我。

我是即将萎谢的孔圣人，行将就木，惆怅又惆怅，于是我唱："泰山其颓乎？梁木其坏乎？哲人其萎乎？"

哀公十六年（前479）夏历四月四日晚上，我做了个奇怪的梦。我端坐于堂室的两根明柱之间，而堂下，有人向我膜拜。次日回想，我知道自己大限将至。尽管子贡闻之五内俱焚，无言而泣，但我很平静，毕竟生而为人，迟早有这一天。七日之后，我将病故。我是终生有志难伸的孔仲尼，我不平凡的身躯，将葬于泗水之旁，逐日腐朽。

"泰山岩岩，鲁邦所瞻"，这盘古的头颅、东方的神山，乃华族血脉精神之源，多少帝王曾到此朝拜。

黄帝曾登泰山，舜帝曾巡狩泰山。商王相土在泰山脚下建立东都，周天子则以泰山为界建成齐鲁。据说秦汉以前，曾有72代君王到此封禅。桀骜如秦皇，霸气似汉武，都曾数次于此膜拜。

人世几回伤往事？山形依旧枕寒流。

至于我朝，则天皇帝曾于此封禅致祭。我14岁时，玄宗又至泰山。山上的登封台，记载了世世风雨以及历代帝王的虔诚匍匐。

泰山磅礴，如我青春的胸襟。

开元二十四年（736），我登上了泰山。思及白日登山、黄昏饮马，心潮起伏。如有神助，一首五言脱口而出。我怎会想到，我这首咏泰山的诗，将来会被后世人刻石为碑立于此，大概因这诗代表了无边朝气。

其实一生之中，我先后写了三首《望岳》诗，一首写东岳泰山、一首写南岳衡山、一首写西岳华山。

青年我写东岳。

岱宗夫如何，齐鲁青未了。造化钟神秀，阴阳割昏晓。荡胸生曾云，决眦入归鸟。会当凌绝顶，一览众山小。（《望岳》）

泰山如青春般壮美。巅峰之上，人在云中，远眺尽是绵延不断的青色。山的阴阳两面，呈现相异的景色与辰光。云锦与霞蔚时现，蔚为壮观。

人不能不自认渺小，面对山的雄伟。人又不能不感觉宏大，依靠着山的威严。人的自卑与自大，其实是相对的，所以泰山虽伟大，却不及人心。

泰山的葱茏雄伟，就像我此际年轻而无知无畏的心。我想，当日孔子也是于此眺望，而生出"登泰山而小天下"的喟叹，夫子诚不我欺！

中年我写西岳。

西岳崚嶒竦处尊，诸峰罗立似儿孙。安得仙人九节杖，拄到玉女洗头盆。车箱入谷无归路，箭栝通天有一门。稍待秋风凉冷后，高寻白帝问真源。（《望岳三首·其二》）

写这首诗是肃宗乾元元年（758）六月。那时，自天宝乱来，我饱历忧患方重返朝廷，岂料又因故被贬。湛湛长空黑。

时宰相房琯败绩丧师于陈陶斜被罚，我以一己之力抗疏救之，没有营救成功，我则获罪被贬为华州司功参军。

人至中年，除了官拜左拾遗一年境遇较佳，我一直仕途艰辛。政治失意，我心情十分郁闷，只能经常眺望西岳华山以寄情怀。

这日浮想联翩，写下七律一首。西岳如老者，德高望重，孙徒膜拜环绕。而我又何德何能，求得仙人杖，凭此登临呢？也只好"稍待秋风凉冷后，高寻白帝问真源"。所以我不曾真的登上华山，不过是身处困窘，想脱离这人世无常之痛苦，求取心灵的解脱罢了。

晚年我写南岳。
大历四年（769）春，我去衡山游历。

南岳配朱鸟，秩礼自百王。欻吸领地灵，鸿洞半炎方。邦家用祀典，在德非馨香。巡狩何寂寥，有虞今则亡。洎吾临世网，行迈越潇湘。渴日绝壁出，漾舟清光旁。祝融五峰尊，峰峰次低昂。紫盖独不朝，争长嶪相望。恭闻魏夫人，群仙夹翱翔。有时五峰气，散风如飞霜。牵迫限修途，未暇杖崇冈。归来觊命驾，沐浴休玉堂。三叹问府主，曷以赞我皇。牲璧忽衰俗，神其思降祥。（《望岳三首·其三》）

南岳因横亘云梦与九嶷间如秤，仿佛可称天地、衡量帝王之道德，故名衡山。

年少我写泰山辽阔，写了"齐鲁青未了"。老去我写衡山弥漫，写了"鸿洞半炎方"。

南岳七十二峰，周遭八百余里，只有登高方能目睹全貌，一如当年在泰山顶上"一览众山小"。但世事凋敝、国家衰颓，我的心境已完全不同。我不再写"荡胸生曾云，决眦入归鸟"，而写了"邦家用祀典，在德非馨香"。

当然，那是将来的事情了。而开元二十四年（736）的这天，我在泰山顶上，微笑着迎向猎猎春风。我感受着自己的渺小，我感受着自己的伟大。

这个时期，我虽落第，却是豪迈。对于唐王朝和我的未来，充满期待。

我热爱一切宏大而自负的事物。如马，如鹰。我喜欢马，尤其是胡马。

神清骨峻的"胡马"来自大宛。当年张骞到达大宛，知其有山地马种，这种马抗疲劳，蹄坚硬，良驹可一日行五六百公里，淌汗如血。回朝后他立即禀明汉武帝，时汉朝与匈奴作战，急需良马。于是皇帝命使者携黄金二十万两及一匹金马前往求换，未料大宛国王以马为国宝而拒。

双方一言不合，友谊的小船说翻就翻，使节被杀，财宝被吞。之后汉武帝天子震怒，发兵讨伐，终使匈奴臣服。经此一役，汗血宝马这才自遥远的帕米尔西麓来到中原。

胡马非凡马可比，"胡马大宛名，锋棱瘦骨成。竹批双耳峻，风入四蹄轻。所向无空阔，真堪托死生。骁腾有如此，万里可横行。"（《房兵曹胡

马》）

这种马相锋芒毕露，生气凛凛，马耳如刀削斧劈。当其四蹄腾空、凌厉奔驰，又似岿然不动，只有强劲的风声令人恍觉马的移动。耳中生风，足不践地，真真昂藏不凡。

我写马，写一切豪迈的事物，愿意用大写意的手法。因为，我在意的是精神与气度。

胡马与众不同的风骨、奇特的尖耳、如风的速度，都如高人异士，自负而超拔、忠诚而沉默。

骁腾有如此，万里可横行。

我真愿如胡马，开疆拓土、为国立功、裂土封侯。

后来，乾元元年（758），我写了《瘦马行》和《李鄠县丈人胡马行》。那时安史之乱已经爆发，我的梦想几乎已经注定无法实现。我四处流亡，身世凄凉，于是我写：

> 东郊瘦马使我伤，骨骼硉兀如堵墙。绊之欲动转欹侧，此岂有意仍腾骧。细看六印带官字，众道三军遗路旁。皮干剥落杂泥滓，毛暗萧条连雪霜。（《瘦马行》节选）

彼时我即那东郊瘦马，日益困顿、憔悴不堪，已失去上阵杀敌的勇气。

再后来，自乾元二年（759）开始，我弃官入蜀，避乱西南。入蜀那年，我写了《病马》：

> 乘尔亦已久，天寒关塞深。尘中老尽力，岁晚病伤心。毛骨岂殊众，驯良犹至今。物微意不浅，感动一沉吟。

我是那尘世老马，虽羸弱微小，却情意蕴藏，不忘初心。但毕竟岁晚身病，已没了酬志的信心。

从矫健到瘦弱，再到病入膏肓。我如马，马如我。

我依恋着、忠诚着。忠于君爱着国。

　　我马向北嘶，山猿饮相唤。(《白沙渡》)
　　黄牛峡静滩声转，白马江寒树影稀。(《送韩十四江东省觐》)

当时我在舟中，望鼓棹中流，日已暮矣。而马鸣与猿啸相和，如同我那始终牵挂朝堂的心。当时我伫立江头，目送韩十四解缆登舟，飘然远去。滩声汩汩，暮霭渐浓，犹似我不能实现的归家的愿望。
　　我寂寥着，伤怀着，虽清贫而不可夺此志。

　　门径从榛草，无心待马蹄。(《畏人》)
　　赤骥顿长缨，非无万里姿。悲鸣泪至地，为问驭者谁。(《述古三首》)
　　老马终望云，南雁意在北。(《客堂》)

那时我离家万里，寄迹三年，身世孤危，已无心期待马的蹄迹随春草而来。那时我年华渐衰，心中常有白马群行，悲鸣则河决，驰走则山崩。那时我远离京城，客居楚蜀，仍然盼望重返朝堂，回归故乡。
　　从青春少年到壮硕中年，再到鬓已星星的老年。马如我，我如马。

我在开元二十八年（740）写了胡马。开元末年，我又写了鹰。

　　素练风霜起，苍鹰画作殊。耸身思狡兔，侧目似愁胡。绦镟光堪摘，轩楹势可呼。何当击凡鸟，毛血洒平芜。(《画鹰》)

写胡马，我循规蹈矩，从静态的模样写起，写鹰，我用了不一样的手法。

我写鹰"素练风霜起",开天辟地、突如其来。

这首诗,是我在画作上的题诗。我爱画,也爱诗,故多题诗,逢画必技痒,一生之中题画无数,恐终唐之世未有出我右者。

我喜欢特别的动物。例如胡马,例如苍鹰。

苍鹰的眼如猢狲,有种特别的灵气和凌厉。它耸身而起,意欲攫取食物的时刻最是动人。那是呼之欲出的力量和狡黠,神采飞动,如同嫉恶如仇之激情、凌云之壮志。这卓然不凡的鸟儿,一击必求中,而无数"凡鸟"因此毛血洒落、尸横原野。

我爱胡马的不驯,我爱苍鹰的肃杀。

第二章 奏赋明光

为着三十而立，杜甫从采薇回响的首阳出发，别了陆浑庄的星空夏夜，携着秀外慧中的杨氏娇妻，带着满腹辞赋华章，怀抱世世代代经世济民的冀望，走进了盛世长安，走进了满目京华烟云，从此开启了十年壮游岁月。

这十年，他与那位落入人间的李太白谪仙举杯邀明月，和眷恋千里黄云的风中之雁高适相从东西南北，与厌倦繁华的郑驸马潜曜华亭相接，在长安平坦广阔的街道与齐州的山间水畔，一场场陶醉于盛世十丈软红，一次次迷失于野人荆棘丛林，一番番失却了道士的方外圣迹，一回回激荡起入世的虔诚真心。

这十年，他目睹了玄宗的庄严慈悲圣颜，为之欣喜若狂。他切身熏染了荣华富贵的强劲灼热，为之目眩迷茫。他由衷讶异于朝廷显贵的纵情豪奢，为之扼腕惆怅。他吹拂过一夕成名的得意春风，怂耐过冠盖如云之下难掩的憔悴，尝尽了黄昏灯下残羹冷炙的悲伤。

这十年，他的心情起起落落。饮过最浓的友情之酒，亦尝尽干谒的辛酸苦涩。听过汝阳王妩媚的羯鼓，也曾千金博笑长夜豪赌。那些酣畅狂欢，那些功名初尝，那些意兴阑珊，那些江湖相忘。望中犹记，观者如堵，惊艳朝堂。身世悠悠，浮沉来往，谁肯忘记命运里那些迎面而来的奇幻的人与事。

　　杜子美的十年长安，半是离别，半是欢歌。

回归首阳

开元二十九年（741），我三十岁。

孔子说，三十而立。孔子还说，立于礼。我想，我应该自齐鲁归洛阳了。

于是我回到了首阳山。首阳，日出之初，光必先及，是离太阳最近的地方。在洛阳以东、偃师西北二十五里，是那座伯夷、叔齐隐居，采薇而食的首阳山。

伯夷、叔齐乃孤竹国国君的两个儿子。国君死，遗命令叔齐继位，叔齐却让位于长兄伯夷，伯夷以父命不可违而逃遁，叔齐也逃。

人类真喜欢逃避。逃避痛苦，逃避死亡，逃避责任，几乎无人逃避荣华富贵。伯夷和叔齐却双双逃离，这种逃离是气节。此种气节，并不多见。

后来武王伐纣，纣自焚于鹿台，商灭。二人更耻食周粟，隐于首阳，不久绝食而死。临去之际，两人唱起了《采薇歌》："登彼西山兮，采其薇矣。以暴易暴兮，不知其非矣。神农虞夏忽焉没兮，我适安归矣？吁嗟徂兮，命之衰矣！"

这无奈的歌声，在山间响了又响，渐渐消失。有气节的人，不单逃避浮泛世间，更加逃生。

伯夷、叔齐葬于首阳山，我的远祖杜预和祖父杜审言的坟茔，也在首阳山。这是令人肃然起敬的首阳山，这是我气血、精神所归的首阳山。

漂泊经年，我想我应该找个地方，认真思考此去的人生。

我决定在山下建筑居所，经过六七年快意恣肆的畅游，我决定安顿下来。修建居所的日子，我常常登上山顶看日出。当红日自浓云中喷薄而出，最初的温暖一次次照耀我迷茫的内心。

站立山顶，远眺东方，霞光如锦，斑斓绚丽。北面是巍巍太行，绵延千里、百岭互连。首阳山山形险峻，历年为兵家要地，千年来烽火不息。

齐伐晋时，齐桓公于此悬车束马。秦攻韩时，据此为兵隘，"决羊肠之险"。刘邦被困荥阳、成皋，北扼飞狐之口，南守白马之津。曹操围临漳，袁尚率军东出太行。慕容永堵塞太行山口，引兵自滏口进入，灭了西燕。太宗进据虎牢，使窦建德不能越过太行，尽收河东之地。

太行巍峨，滔滔黄河奔流东去。

往南，是嵩山众峰，嵩高唯岳，峻极于天。少室山北麓的佛光时时出没，伊洛河水、无数光滑的鹅卵石在阳光下泛出岁月的坦然。

沃野青翠，稼穑旺盛。

这是最美的首阳。

这年寒食，我在首阳山下修筑的陆浑庄落成了。"月明松下房栊静，日出云中鸡犬喧"。

这座院落和田园，是我生命里温暖的存在。

陆浑，是炎帝的苗裔，乃春秋时居住在敦煌陆浑允姓的"戎"部族。当时周王室颓弱，诸侯争霸，公元前638年，陆浑戎被秦、晋强制迁来此地。汉时曾置陆浑县、陆浑关。周敬王六年（前514），陆浑允姓戎部族中的一部分迁居于偃师滑地。

给敝庐起名陆浑，因为对于未来，我只有八个字：不敢忘本，不敢违仁。

这一年，我成亲了。妻子杨氏是司农少卿杨怡的女儿，年少我十岁。在我眼里，她如花蕊一般，"仳离放红蕊，想像颦青娥"。

妻不单美丽，且出身庄重。弘农杨氏，乃杨姓郡望之一，西汉丞相杨敞是

其第一世祖。

妻不单家境清白，且聪慧贤淑。妻子促狭，我俩初识时她故意装作不通文墨，直到婚后才肯表露文采与见解。

妻不单知书达礼，且宅心仁厚。后来我们长居益州草堂，隔壁老妇贫困，半夜寻枣充饥，妻子不仅不呵斥，反而以菜粥相赠。

她对我更是极端纵容。我与诗朋酒友们宴饮之际，耳畔常常会传来隐约捶洗之声，那是妻子在下河洗衣。那些时刻，"采花香泛泛，坐客醉纷纷。野树敧还倚，秋砧醒却闻"。（《九日五首》）诗酒纵横而无所事事，这日常生活的喧嚣，是我心灵上的依赖与慰藉。

在我后来颠沛流离的生活里，我和我的孩子们，凭借她的乐观与坚韧忍受着人生的风雨。"世乱怜渠小，家贫仰母慈"。（《遣兴》）

未来，我始终这样志向难伸，只能给他们"朝回典衣""酒债寻常"的时日。而他们永远穿着补丁摞补丁的衣服，"经年至茅屋，妻子衣百结"，"床前两小女，补绽才过膝。海图坼波涛，旧绣移曲折。天吴及紫凤，颠倒在短褐。"（《北征》）我从来未曾带给他们富贵。千金之躯的妻子杨氏，就这样不畏贫病，为我生儿育女，随我漂泊辗转，直至白头。有妻如此，夫复何求。

虽然我常常在酒宴、官邸、旅馆、驿站、车轿和画舫上，遭逢许多琴棋书画颇佳的歌伎舞姬，她们中许多人异常美丽。就算将来我别有怀抱，娶了他人，但我心里，只有这一位灵魂伴侣。

陆浑多故事。

河南偃师县西二十里有尸乡亭，陆浑庄所在的土娄村距尸乡亭不远。

据传有个叫祝鸡翁的洛阳人，仕在尸乡北山下。祝鸡翁是个怪人，他养鸡百余年，鸡计千只，神奇的是，千只鸡都各有名字，且一唤就来。更神奇的是，祝鸡翁卖鸡和鸡子儿得钱千余万，却分文不取，把钱搁下就走了。百年坚守与千金散尽，何等执着与洒脱。

陆浑多故人。陆浑别业的主人宋之问，是祖父杜审言的修文馆同事。其人身材高大、仪表堂堂。他的父亲宋令文多才多艺，"富文辞，且工书，有力绝

人，世称三绝"。有意思的是，宋令文三个儿子宋之问、宋之悌、宋之逊各得一绝：宋之悌骁勇，宋之逊精草隶，宋之问工文辞。真一时之美谈。

也是在某年寒食，宋之问自洛阳回到这里。"且别河桥杨柳风，夕卧伊川桃李月。"放下帝都的万人如海，重逢故乡的流水高山，我在伊水之滨，享受与东都不一样的风景。

作别洛阳城里如雪之花，喝着山中春酒复春，过着偶然平淡的日子。那样的宋之问才是灵台清明的吧，那样的宋之问才是写下《度大庾岭》的那个天涯浪子：

> 度岭方辞国，停轺一望家。魂随南翥鸟，泪尽北枝花。山雨初含霁，江云欲变霞。但令归有日，不敢恨长沙。

写《度大庾岭》时，宋之问被中宗贬为泷州参军。他在春天启程前往广东，途经大庾岭，写了此诗。那一刻，他将要走出中原，山雨将收未收，江上的云朵渐渐透出霞光。宋之问去国怀乡，失魂落魄，满怀深沉。

宋之问以文才为宫廷侍臣，颇受恩宠，先后多次扈从则天皇帝及中宗出游。那时的他文风靡丽，崇尚夸饰，锦绣成文，上官昭容赞其"不愁明月尽，自有夜珠来"，其文风正合则天皇帝的胃口。

而人只有遭逢非常之变时，才能停下脚步，自省反思。在最深的痛苦里，常常闪现最直白强烈的光芒。所以，宋之问的陆浑别业也好，杜子美的陆浑庄也好，其实都是一处灵魂的去处吧。当浮躁掩盖了初心，是这些故乡风物令人自热辣中得到清凉。

宋之问跟祖父一样，在文学上颇有建树，对律诗体制的定型颇有影响。宋之问与我祖审言及陈子昂、沈佺期四人，为唐律之祖，实我诗法渊源也。《度大庾岭》这首五律，堪称佳作。

定居首阳后，我不止一次去陆浑别业缅怀。陆浑山庄建成时，祭过远祖，我又去了。

宋公旧池馆，零落首阳阿。枉道祗从入，吟诗许更过？淹留问者老，寂寞向山河。更识将军树，悲风日暮多。（《过宋员外之问旧庄》）

他的子孙还在，然而将军一去，大树飘零。壮士不还，寒风萧瑟。

有时我也去左氏庄鼓琴看剑、检书赋诗。在大风的夜晚，我曾安然坐在左公家里，听着风声和琴声犹如情深意重的友人，呜咽相从。

要待月落露浓，静琴始张，入夜方饮也。花径之侧，是潺潺流水。草堂之上，是点点星光。

也是在那样的夜里，想起范蠡。当时楚国政治黑暗、非贵族不得入仕，范蠡于是投奔越国，辅佐越国勾践。勾践在范蠡辅佐之下，卧薪尝胆，兴越灭吴，一雪会稽之耻。而范蠡，功成名就后急流勇退，化名姓为鸱夷子皮，遨游于七十二峰之间。

范蠡果然并非凡人。远去期间，三番经商而成巨富，又三次意兴阑珊、散尽家财。世人谓其："忠以为国，智以保身，商以致富，成名天下。"

而我，在若干年后，每每思及，总怀想范蠡乘扁舟、游五湖的情景。"小舟从此逝，江海寄余生。"这令人怀想的夜宴。

风林纤月落，衣露净琴张。暗水流花径，春星带草堂。检书烧烛短，看剑引杯长。诗罢闻吴咏，扁舟意不忘。（《夜宴左氏庄》）

盛夏时，我则去已上人那里闲坐。已上人隐逸多年，雅好赋诗。

盛夏，我们将竹席铺在长林里。上人备了瓜果，烦热难当时刻，我们咀嚼着瓜果清脆的清凉。江莲飘动似摇白羽扇，天之蒙茸犹如蔓青丝。

我们就那样清谈着佛理，烦躁的炎热悄然忘记了。我像名士许询，已公如高僧支道。

巴公茅屋下，可以赋新诗。枕簟入林僻，茶瓜留客迟。江莲摇白羽，天棘蔓青丝。空忝许询辈，难酬支遁词。（《巴上人茅斋》）

光阴就在我们的清谈中慢慢流逝。

优哉游哉之际，我收到了齐州临邑主簿、弟弟杜颖的来信。他正陷入忧愁之中，他的忧愁源于这年七月的伊洛水患。

这次的黄河泛滥，损居人庐舍，秋稼无遗，坏东都天津桥及东西漕，河南北诸州皆漂没。弟弟是水官，他的治下此刻暴雨成灾，孤树仅存，万艘失道，水势横决。

　　二仪积风雨，百谷漏波涛。闻道洪河坼，遥连沧海高。职司忧悄悄，郡国诉嗷嗷。舍弟卑栖邑，防川领簿曹。尺书前日至，版筑不时操。难假鼋鼍力，空瞻乌鹊毛。燕南吹畎亩，济上没蓬蒿。螺蚌满近郭，蛟螭乘九皋。徐关深水府，碣石小秋毫。白屋留孤树，青天失万艘。吾衰同泛梗，利涉想蟠桃。赖倚天涯钓，犹能掣巨鳌。（《临邑舍弟书至，苦雨黄河泛溢堤防之患，簿领所忧，因寄此诗，用宽其意》）

没有渡江的鼋鼍，没有渡梁的乌鹊，弟弟愁眉不展。

不是不了解弟弟的愁烦，然而风浪逸情、乾坤纵志，我真希望能代替弟弟，身处波涛之上，以天外之钓竿，将洪水收入囊中。

不但钓滔天巨浪，我更想以虹蜺为丝，以明月为钩，一举钓六合。

我知道这是理想，但万一实现了呢？

相逢李白

天宝元年（742），我的二姑在洛阳仁风里去世。我回到东都，为她服丧、作墓志、刻石。我的二姑父裴荣期，这时在济王府做录事参军，也赶回来了。

我的祖父杜审言多次任洛阳丞，故我们曾经定居繁华的洛阳。洛阳城仅外郭城便有8个城门，其中东墙有3个门，自南向北为永通门、建春门、上东门。当时，洛阳共有112坊，洛河之南83坊，洛河以北29坊。各坊四边长度三百步，合一华里，故称里坊，简称里。

建春门在怀仁里与归仁里之间，城东有"东城桃李"之景。在仁风里为二姑以丧礼哀悼的几日，我与姑父，在仁风里的落日中相顾无言。我常常不由自主怀想起幼时建春门内、青槐绿水的温暖往事。

那是李白曾经写下"白玉谁家郎，回车渡天津。看花东陌上，惊动洛阳人"的城东。那也是许多年后，刘禹锡写下"金谷园中莺乱飞，铜驼陌上好风吹。城东桃李须臾尽，争似垂柳无限时"的城东。

李十二写洛阳富家子，驾宝马香车，驶于天津桥上，中途忽然兴起，要去城东看缤纷桃李，遂掉转车头向建春门而来。他如此任性，却又那般潇洒，因此引得洛阳人纷纷驻足观看。

我至今仍可想象，那宝马横来下建章的盛况。

至于刘禹锡，他对城东桃李是不感冒的，认为其不如杨柳之蓬勃生机，但

他也不能不承认那云霞般的美丽。城东桃李，多少年后，依旧灿烂迷人。

每到春来，我看过城东的桃花，也跟着二姑去过寺庙礼佛。龙门奉先寺的卢舍那大佛那时也正在修建，在工匠的手下，大佛典丽华贵，气势飞动。那些金银佛寺、庄严焕炳的壮丽景象对年幼的我，仿佛精神的穿透与洗礼。

我永远难忘寺里烟雾袅袅，香客摩肩接踵，而佛沉默慈悲。

城东还有玄元皇帝庙，庙里陈列着吴道子的《老子化胡经》及"五圣真容图"。"五圣联龙衮，千官列雁行。冕旒皆秀发，旌旆尽飞扬。"（《冬日洛城北谒玄元皇帝庙》）真真"森罗移地轴，妙绝动宫墙"。

然而从前有多快乐，此时便有多寂寞。二姑的仁厚竟已离我而去了，这不得不面对的断舍离，几乎甚于头年父亲杜闲的离去。当时父亲正在奉天县令任上。

母亲去世后，父亲娶了卢氏。卢氏接连生育，一个个弟弟接着出生，她忙于哺育，根本无暇顾及我，我的母爱只来自二姑。

这是伤心的一年。童年欢颜、现世担忧，幼时温暖、此际孤单，统统涌上心头。细想从前，断肠多处，不与今番同。

办完二姑后事，我待在东都，直到天宝三年（744）。至五月，我的继祖母卢氏卒于陈留郡。八月，我撰写了墓志，方才决心出走。

回想这两年在东都，真有"生涯尽几回"之叹。其间，我时常会同一些当朝显贵来往，秘书监李令问、驸马郑潜曜的家里我算常客。过门更相呼，有酒斟酌之。

洛阳西不远的新安县，便是郑驸马别业园亭，那真是一座好华亭。

华亭入翠微，秋日乱清晖。崩石欹山树，清涟曳水衣。紫鳞冲岸跃，苍隼护巢归。向晚寻征路，残云傍马飞。（《重题郑氏东亭》）

郑驸马的这个亭子极雅致，亭子建在山间翠微处。山石更有奇险，巉岩仿

佛要跃出其外。秋天的傍晚,美艳的亭子坐落在青色山间,摇曳着无数清辉。

坐在亭里,能俯瞰其下河水清且涟猗,波澜里有紫鳞承水,映照苍隼栖树。不止一次,我自华亭归家,天边残云陪伴飞马,另是一番景象。可这些美好,并不真正属于我。

至于秘书监李令问,是个奢靡之人,好美服珍馔。李大人尤其喜欢吃些异味,如炙驴罂鹅之类。这些东西,在那次他招了东床快婿的宾客大宴上可见一斑。

> 尚觉王孙贵,豪家意颇浓。屏开金孔雀,褥隐绣芙蓉。且食双鱼美,谁看异味重。门阑多喜色,女婿近乘龙。华馆春风起,高城烟雾开。杂花分户映,娇燕入帘回。一见能倾座,虚怀只爱才。盐车虽绊骥,名自汉廷来。(《李监宅二首》)

其实,李大人的豪奢,我是不敢苟同的。但李令问好客爱才,一见能倾心。因此,我也常去他的春风华馆,看高城烟雾、杂花分户、娇燕入帘。

这些都不重要,重要的是,天宝三载(744),我第一次见到了逸人李白。

李白,自峨眉而来。天为容,道为貌。不屈己,不干人。"欲倚剑天外,挂弓扶桑,浮四海,横八荒,出宇宙之寥廓,登云天之渺茫"。

这样的李白,生于安西。五岁迁绵州、诵六甲,十岁观百家、通诗书,十五观奇书、好剑术,才华盖世。

这样的李白,这年终于被皇帝诏为翰林供奉,仅一年多却为高力士所诳,被玄宗赐金放还。他的达则兼济天下,他的穷则独善其身,在短短两年的时日里,竟全部应验了。我就是在这时遇见他的,这年,我三十三岁,李白四十四岁。

我三十而未立,他四十仍有惑,两个失意人一见如故。真真一生大笑能几回,斗酒相逢须醉倒。

在东都的这两年，我有点倦。所见所闻官场机巧、玉食锦衣，都让我感到生活的浓烈与负担。

我朝的一切都是浓烈的，如我曾不止一次出游的龙门石窟。龙门石窟在洛阳以南二十五里的伊阙，因伊水北流、两山对峙如龙门得名。

伊水两岸，崖壁之上，雕刻着许多石窟。无论佛与菩萨，迦叶、阿难与金刚，极尽精巧壮丽。石龛石佛数千，中有极大三龛，是魏王为长孙皇后所造，伟丽非凡。自龙门断山之上看去，佛寺弘开，洛城辉煌。

> 龙门横野断，驿树出城来。气色皇居近，金银佛寺开。往来时屡改，川陆日悠哉！相阅征途上，生涯尽几回？（《龙门》）

然而，这样的华赡浓烈又能持续多久呢？

所以我为得逢李白而狂喜。要知道，李白是这样的李白——玄宗对他说："卿是布衣，名为朕知。"秘书监贺知章对他说："诗可以泣鬼神！"

他是"仰天大笑出门去，我辈岂是蓬蒿人"的江湖侠客；他是名动京师的谪仙人；他是写"云想衣裳花想容，春风拂槛露华浓"的翰林；他是我心目中"天子呼来不上船，自称臣是酒中仙"的狂人。

而此际，为朝廷放还的李白，正计划入山林访道，远腥膻而近清净，所以我这样对他说：

> 二年客东都，所历厌机巧。野人对腥膻，蔬食常不饱。岂无青精饭，使我颜色好。苦乏大药资，山林迹如扫。李侯金闺彦，脱身事幽讨。亦有梁宋游，方期拾瑶草。（《赠李白》）

其实，若像陶弘景一般，辞归筑馆，却仍能对国家吉凶征讨大事尽责尽心，一边做"山中宰相"，一边炼制长生不死之仙丹，相当理想。只是，又有何人能听其"我有数行泪，不落十余年。今日为君尽，并洒秋风前"的别有怀抱呢？

我想，此刻的李白，也是无奈多于洒脱吧。而现在的我，正也有些彷徨。

东都暂无消息，倒不如先去寻陶弘景呢。

白日何短短，百年苦易满。苍穹浩茫茫，万劫太极长。

我见到李白的时候，他刚要离开长安。他要去游历梁宋，于是我俩相约求贤访道"拾瑶草"。李白先去汴州投奔李彦允，我则待继祖母事了后随之而去。

秋天，我与李白如约在梁重逢，同时重逢的，还有故友高适。此时的高适，入长安求仕失利，正居留梁宋。三人相见，直是"休问梁园旧宾客，茂陵秋雨病相如"。

梁就是后世的开封，宋就是后世的商丘。在我的年代，二者都是繁华的通都大邑，人口稠密、建筑宏伟、生活奢华、游侠盛行。我们三人，在梁宋之间，相偕游览遣怀。

在梁宋这段时间，我们大概做两件事。一是三人齐齐访古，一是共赴地方官员的饭局。

商丘附近富有古迹，如梁园。我去的时候，李白与高适已经多次造访了。他的怀才不遇，他的惆怅独悲，尽在其中。

高适也好不到哪里去。他写《宋中十首》慨叹："梁王昔全盛，宾客复多才。悠悠一千年，陈迹唯高台。寂寞向秋草，悲风千里来。"一样独立悲且歌。

我当然也忧时伤生。但跟他们一起，登临怀古、把酒论文、纵谈时政边事，我是快乐的。

昔我游宋中，惟梁孝王都。名今陈留亚，剧则贝魏俱。邑中九万家，高栋照通衢。舟车半天下，主客多欢娱。白刃雠不义，黄金倾有无。杀人红尘里，报答在斯须。忆与高李辈，论交入酒垆。两公壮藻思，得我色敷腴。气酣登吹台，怀古视平芜。芒砀云一去，雁鹜空相呼。先帝正好武，寰海未凋枯。猛将收西域，长戟破林胡。百马攻一城，献捷不云输。组练弃如泥，尺土负百夫。拓境功未已，元和辞大炉。乱离朋友尽，合沓岁月

俎。吾衰将焉托，存殁再呜呼。萧条益堪愧，独在天一隅。乘黄已去矣，凡马徒区区。不复见颜鲍，系舟卧荆巫。临餐吐更食，常恐违抚孤。（《遣怀》）

不管怎样，"两公壮藻思，得我色敷腴。气酣登吹台，怀古视平芜"。

有时候，我们会去宋州李太守、单父县崔县令做东的宴席上闹腾一通。通常，我们会将清早在孟诸泽一带打围射猎的猎物带去，炮炙佐酒。

自日暮到次晨，观看歌舞，通宵达旦，不亦乐乎。

昔谒华盖君，深求洞宫脚。玉棺已上天，白日亦寂寞。暮升艮岑顶，巾几犹未却。弟子四五人，入来泪俱落。余时游名山，发轫在远壑。良觌违夙愿，含凄向寥廓。林昏罢幽磬，竟夜伏石阁。王乔下天坛，微月映皓鹤。晨溪向虚骏，归径行已昨。岂辞青鞋胝，怅望金匕药。东蒙赴旧隐，尚忆同志乐。休事董先生，于今独萧索。胡为客关塞，道意久衰薄。妻子亦何人，丹砂负前诺。虽悲鬒发变，未忧筋力弱。扶藜望清秋，有兴入庐霍。（《昔游》）

闲征雅令穷经史，醉听清吟胜管弦。这样的快意过了一阵子，我们三人终于兵分两路，高适南游入楚，我则随李白渡过黄河，去王屋山寻访道士华盖君。寻隐者不遇，华盖君竟已死。

失望之下，我俩决意前往东鲁再访董炼师。也就是在齐州，李白做了一名道士。

再见李白

我和李白在齐州待了好一阵子。清晨日暮，总不过"亭亭画舸系春潭，直到行人酒半酣"，每日只管浪掷着似箭光阴。

这时候常常跟我们一处游赏的是齐州司马李之芳，还有北海太守李邕。李之芳是李邕的族孙，李邕是那位注《昭明文选》的李善的儿子。在东都时我们已经相识，承蒙他错爱，欣赏我的诗文。真是人生何处不相逢，如今我们又在齐州重聚。

李邕此人非凡，卢藏用认为他是干将莫邪一类人物，锋芒毕露。李邕性情的确介于正邪之间。他爱好生命里一切极致的事物，极致的享乐，极致的本性袒露。"推翘勇。矜豪纵。轻盖拥，联飞鞚，斗城东。轰饮酒垆，春色浮寒瓮。吸海垂虹。闲呼鹰嗾犬，白羽摘雕弓。狡穴俄空。"大约说的就是李邕这样的人。

李邕豪奢爱财，取之既有道又无道。因为擅长撰写碑颂，朝中官员和天下寺观多重金以求。其书法从"二王"入手，而能入乎其内、出乎其外，后世李后主将评价他："得右将军之气而失于体格。"

魏晋以来，碑铭刻石一律用正书撰写，至李邕而改用行书。李邕书法，字如其人，个性非常明显，其字形左高右低，笔力舒展遒劲，险峭爽朗。他推崇

创新，曾说："似我者俗，学我者死。"后代苏东坡、米元章都吸取其精神，赵孟頫也极追笔意，谋求"风度闲雅"的书法境界。

他先后写了数百篇，换得稿酬巨万，大概是少有的卖文致富者。然而即便如此，他仍屡犯贪污，敛财无度，为法理不容。

但李邕亦刚直，自称"不愿不狂，其名不彰"。他曾经是则天皇后的左拾遗，竟胆敢以小小的官位，助宰相宋璟弹劾武后爱宠张昌宗兄弟。他的直言不逊，为所有人忌惮。

坏人不容他，好人也不理解他，所以注定了他跌宕起伏的一生。他曾任户部郎中，后为中书令姚崇所嫉，构罪左迁括州司马，征为陈州刺史。他曾于汴州谒见玄宗，使皇帝龙颜大悦，他自以为必居相位，孰料陈州赃污事发，虽免一死却被贬为钦州遵化县尉。他曾在岭南作战有功，又累转括、淄、滑三州刺史。

名声虽大，却屡遭贬，李邕是传说中的人。

有趣的是，这传说中的人，竟有位传说中的铁粉，铁粉名唤孔璋。孔璋是许州人，与李邕素昧平生，却对李邕佩服得五体投地。

那时李邕很得圣宠，曾经以辞赋取悦皇帝。李邕狂，于是自谓且为宰相，自然将当时宰相张说不放在眼里。不久，正好有人告李邕贪赃枉法，张说毫不留情，谓其罪当死。

危急关头，有人救李邕，这个人就是孔璋。孔璋上书天子，他说，明主举能而舍过，取才而弃行，烈士抗节，勇者不避死，故晋用林父不以过，汉任陈平不以行，禽息陨身不祈生，北郭碎首不爱死。

他又说，陈州刺史邕，坚毅忠烈，难不苟免。……且邕所能者，拯孤恤穷，救乏赒急，家无私聚。

他还说，臣愿以六尺之躯膏鈇钺，以代邕死。孔璋宁愿代邕死，而他并不认识李邕，李邕更加不认识他，这就厉害了。孔璋的奏疏递上去，感动了皇帝。李邕于是免死，贬遵化县尉，而孔璋被牵连流放岭北。

在齐州，我与李白、这传说中的李邕及其孙李之芳，常在大明湖畔赏玩。

历下亭里，留下我们多少唱和之声。如今，谁还记得大明湖畔的杜子美？

天宝四载（745），我决定去临邑看看弟弟杜颖。我去向李之芳道别，他却送李邕回青州去了。

李邕这一走，我便再没有见过他，他很快将遭到奸相李林甫的政治迫害。狂傲的李邕并没有听从孔璋"率德改行"的忠告，又一次把手伸向了公钱，"奸赃事发"，但这不足以断送他的性命。

京师左骁卫兵曹柳勣与他的岳父杜有邻不睦，于是污蔑杜有邻妄称有占验之能，交构东宫，指责皇帝。无法想象有怎样巨大的仇恨，令翁婿反目如此，反正这姓柳的兵哥哥信口雌黄将自己的岳父告倒在朝堂。李林甫于是严令审讯，查出柳勣是祸首。大结局却是莫名其妙将柳勣连同他的岳父杜有邻一同杖死。

这两人横死便罢了，偏偏审讯期间牵扯出李邕曾送给柳勣一匹马，于是李邕以"厚相赂遗"受到牵连。又因李邕与淄川太守裴敦复有私交，裴敦复曾荐李邕于北海，裴敦复亦遭到株连。

心狠手毒的李林甫责令其爪牙迅即驰往山东，将李邕、裴敦复"就郡决杀"，彼时李邕已七十高龄。

那日，我在历下亭独坐，看鼋吼乘风，激波生浪。鱼跳水动，日光映山。

> 野亭逼湖水，歇马高林间。鼋吼风奔浪，鱼跳日映山。暂游阻词伯，却望临青关。霭霭生云雾，唯应促驾还。（《暂如临邑，至㟙山湖亭奉怀李员外率尔成兴》）

我孤单一人在亭间，看湖光山色，颇有些惆怅。那时，我并不知道，明年，李邕便遭杖杀，我将再也见不到这江湖中的传说。李白更愤怒至极："君不见李北海，英风豪气今何在？君不见裴尚书，土坟三尺蒿棘居。"

在杜颖这里盘桓了一阵，秋天，我再次回到兖州。

此时，兖州已改称鲁郡，而李白也已回到鲁郡任城县，便邀我相见。客中无伴怕君行，能与李白再见，我十分快慰。我们再次相携游览。鲁郡一带的名胜古迹，石门寺院，亭台楼阁几乎都被我俩将栏杆拍遍。

> 李侯有佳句，往往似阴铿。余亦东蒙客，怜君如弟兄。醉眠秋共被，携手日同行。更想幽期处，还寻北郭生。入门高兴发，侍立小童清。落景闻寒杵，屯云对古城。向来吟橘颂，谁与讨莼羹？不愿论簪笏，悠悠沧海情。（《与李十二白同寻范十隐居》）

我们曾一同去任城北郭寻范野人。那天真是好笑，一路畅谈，竟迷了路。李白更是从马上跌落，在乱草丛中沾了一身苍耳，我们因此抚掌大笑。

好容易寻到了范野人的住处，果然小童清俊，主人不俗。在范野人的闲园里，我们共看酸枣垂北郭、寒瓜蔓东篱，十分享受。

那晚我们喝了好多酒。秋天的蔬果、霜梨清新爽口，不由令人想起张翰在洛见秋风起，思吴中菰菜莼羹鲈鱼鲙。

席间，大家兴致都很高。李白咏了陆机的《猛虎行》，我读了屈原的《橘颂》。李白豪迈，因此不在意"饥食猛虎窟，寒栖野雀林"。我则迂阔，所以"独立不迁""深固难徙"。

那晚，我们都醉了，为彼此的不遇与未遇。"近作十日欢，远为千载期。"这一段如朱百年就孔思远醉眠、姜肱兄弟同被而寝、祖逖刘琨情好之时光，让我毕生难忘。

既有求仙之意，我们便抽空去寻访东蒙山的元逸人。

> 故人昔隐东蒙峰，已佩含景苍精龙。故人今居子午谷，独在阴崖结茅屋。屋前太古玄都坛，青石漠漠常风寒。子规夜啼山竹裂，王母昼下云旗翻。知君此计成长往，芝草琅玕日应长。铁锁高垂不可攀，致身福地何萧爽。（《元都坛歌寄元逸人》）

元逸人自山东而迁居秦岭，据说已经修得含景、藏形等却恶防身法。元逸人的所在实在太超拔，屋前有太古玄都坛，青石松风，子规夜啼，十分幽静冷肃，真是仙人居处。

我此来鲁郡，本是为了学修道炼丹，但不知怎的，我还是觉得元逸人的子午谷太萧瑟了。

后来，我与李十二又去拜访了董奉先炼师。去年，我俩去王屋山寻访华盖君，岂料华君已仙去，只余星前月底，魂在梨花。这次终于见到了董炼师，然而跟着他修道炼丹一番，更深月半，北斗阑干，依然未能修成正果。

其实，我与李白，一个初出茅庐、一个饱经沧桑，对世事的看法颇不同。李十二仍然兴致勃勃，我却开始对寻仙访道产生了怀疑。或许，我应该回到红尘中，继续前行？

不久，我们在鲁郡东石门分别，我们是醉别的。

对此，李十二说："醉别复几日，登临遍池台。何时石门路，重有金樽开。秋波落泗水，海色明徂徕。飞蓬各自远，且尽手中杯。"

何时石门路，重有金樽开？

分别总是在九月，"秋波落泗水，海色明徂徕。"今后彼此只如飞蓬各自远去，"且尽手中杯"！而我仍记得当日泥醉中吐露的心声："痛饮狂歌空度日，飞扬跋扈为谁雄？"

命运如此，我与李白自此永远分开了。

我回了咸阳。

李白去了沙丘，客居寂寞，就写了一诗寄我：

　　　我来竟何事，高卧沙丘城。城边有古树，日夕连秋声。鲁酒不可醉，齐歌空复情。思君若汶水，浩荡寄南征。（《沙丘城下寄杜甫》）

其实李白给我的诗何止两首，然而后世之人却只能看见两首。但我与李十

二共鲁酒齐歌的岁月，确乎从此不再了。

再后来，我听说李白想去剡中，因日思夜想，便写了奇情壮彩的《梦游天姥吟留别》。天姥山在浙江嵊县新昌县内，传说登山之人曾经听到仙人天姥的歌声，因此得名。

《梦游天姥吟留别》是首记梦诗，也是首游仙诗。在这诗里，李白写了臆想中云霞明灭、势拔五岳的天姥山；写了半壁海日、迷花倚石、熊咆龙吟，霓为衣兮风为马、云之君兮纷纷而来下、虎鼓瑟兮鸾回车、仙之人兮列如麻的天姥梦游；更写了他无奈别君去、放鹿青崖间，安能摧眉折腰事权贵使我不得开心颜的尘世感慨。诗歌意境雄伟，变幻莫测，庶可代表李十二的狂放不羁与浪漫气质。

那时的李白，在东鲁家居。李家家业可观，他本可在家中怡情养性，消磨余生，但他怎么待得住！他的胸腔里，是一颗无法长久停顿的灵魂。

于是他终于还是将妻小留在了东鲁，孑然一身，飘然南行。

尽我余生，再也未能与这有趣的灵魂相见。

天宝四年（745），我与李白握别。告别新丰美酒斗十千、相逢意气为君饮的齐州，我回到陆浑庄待了一段时间。

天宝五年（746），我去了长安。

这年，我三十五岁。我送走了孔巢父，他少与韩准、李白、裴政、张叔明、陶沔隐居徂徕山，时号竹溪六逸。我和李白一起寻访董炼师时他也在。

巢父掉头不肯住，东将入海随烟雾。诗卷长留天地间，钓竿欲拂珊瑚树。深山大泽龙蛇远，春寒野阴风景暮。蓬莱织女回云车，指点虚无引归路。自是君身有仙骨，世人那得知其故。惜君只欲苦死留，富贵何如草头露？蔡侯静者意有余，清夜置酒临前除。罢琴惆怅月照席，几岁寄我空中书？南寻禹穴见李白，道甫问讯今何如。（《送孔巢父谢病归游江东，兼呈李白》）

我还在汲汲于如草头露水的功名，但巢父独有仙骨，志不在此，苦留不住。"富贵荣华能几时"，他已看透，我仍在苦苦挣扎。

在长安这段时间，我常去汝阳王李琎府上。李琎乃睿宗之孙，让皇帝李宪

长子，玄宗李隆基之侄。李琎俊美，是皇族中第一美男，玄宗皇帝谓其"姿质明莹，肌发光细"，称他"花奴"。李琎聪慧，很懂玄宗心思，所以皇帝经常带着他出入。他的父亲当年将太子位让给玄宗，自己又跟皇帝一般擅长羯鼓，故深得玄宗宠爱。

李琎曾获玄宗亲自教授羯鼓。一次，汝阳王戴了顶砑绢帽击鼓，皇帝一时兴起，摘了朵红槿花，别在他的帽子上。花与帽子都很滑溜，皇帝好不容易才帮他戴上。汝阳王顶着红槿花，神情自若奏了一曲《舞山香》，直至曲罢，花朵并没有掉下来。皇上大笑赐金，并道花奴非人间人，必神仙谪坠。

这种繁华，直如一场春梦日西斜。

在汝阳王府上，我邂逅了许多妙人，其中有许多豪放旷达者，皆善饮。酒酣耳热，我便写了《饮中八仙歌》。

第一位是贺知章。"知章骑马似乘船，眼花落井水底眠"。

贺知章自号四明狂客，醉后属辞，动成卷轴，文不加点，咸有可观。他资格最老、年事最高，与李白初识，呼其为"谪仙人"，并解金龟换酒为乐。

第二位是李琎。"汝阳三斗始朝天，道逢麴车口流涎，恨不移封向酒泉"。

因为他深受皇宠，故不怕酒后上朝，更因为嗜酒而企图移居封地。

第三位是李适之。"左相日兴费万钱，饮如长鲸吸百川，衔杯乐圣称避贤"。

李适之雅好宾友，酒量最豪，饮酒一斗不乱，夜则燕赏，昼决公务。天宝元年他代牛仙客为左丞相，常为通宵之饮，如鲸鱼吞吐百川之水。罢相后酒兴未减，牢骚日胜。

第四位是崔宗之。"举觞白眼望青天，皎如玉树临风前"。

侍御史崔宗之，旧宰相崔日用之子，袭封齐国公。向有阮籍之任情不羁，见礼俗之士，以白眼对之。崔宗之乃英俊少年，席前傲岸，醉后更如玉树临风。

第五位是苏晋。"苏晋长斋绣佛前，醉中往往爱逃禅"。

苏晋，中宗时户部尚书苏珦之子。数岁知为文，人称后世之王粲。他是活

在矛盾中的禅客，一面耽禅，一面嗜饮。

第六位便是"百年三万六千日，一日须倾三百杯"的李太白。

我真想念他斗酒诗百篇、长安市上酒家眠的桀骜身影，也真怀念与他一酌复一笑、不知日将夕的如烟往事。

第七位是草圣张旭。"脱帽露顶王公前，挥毫落纸如云烟"。

张旭善草书，每醉后号呼狂走，索笔挥洒，变化无穷，若有神助。他倨傲不恭，不拘礼仪，常常"脱帽露顶王公前"。

最后一位是布衣焦遂。"焦遂五斗方卓然，高谈雄辩惊四筵"。

焦遂千杯不醉，五斗后方有酒意，其时便一扫拘谨，高谈阔论，滔滔不绝，语惊四座。

这八位加在一起，便是我的青年长安。

就这样，且饮且醉且歌，不知不觉，到了天宝五载（746）除夕。

这个除夕夜，我做了一件任性的事情，我去赌了一把。

　　　　今夕何夕岁云徂，更长烛明不可孤。咸阳客舍一事无，相与博塞为欢娱。冯陵大叫呼五白，袒跣不肯成枭卢。英雄有时亦如此，邂逅岂即非良图。君莫笑，刘毅从来布衣愿，家无儋石输百万。（《今夕行》）

在那个夜晚，我冯陵大呼、袒臂跣足，在更长烛明、少年般豪放中度过了孤单的年关。虽然孤单，但我心中滚烫，我期待着美好的未来。

然而美好的未来，始终未来。天宝六载（747），三十六岁的我满怀信心参加了朝廷的公开选拔考试，结果我没有被录取，此次考试没有一个人被录取。

这么荒唐的一场考试，皆因当朝宰相李林甫。李林甫通音律，善于搞阴谋，他很会揣测皇帝的心意，玄宗喜欢他。

但李林甫"阴谋""忌刻"，嫉贤妒能，他一手导演了这次全国公开举行的招贤考试，

结果没有选取一人。难道普天之下再无能人？不不不，他对皇帝说因朝政清明，故野无遗贤。

皇帝竟然相信了。

一场考试成为政治阴谋，所有的士子受到愚弄。"破胆遭前政，阴谋独秉钧，微生沾忌刻，万事益酸辛"。

六年后，天宝十二载（753），我曾经在给鲜于仲通京兆的干谒诗里表述了我对此次闹剧的观点。

王国称多士，贤良复几人。异才应间出，爽气必殊伦。始见张京兆，宜居汉近臣。骅骝开道路，雕鹗离风尘。侯伯知何算，文章实致身。奋飞超等级，容易失沉沦。脱略磻溪钓，操持郢匠斤。云霄今已逼，台衮更谁亲。凤穴雏皆好，龙门客又新。义声纷感激，败绩自逡巡。途远欲何向，天高难重陈。学诗犹孺子，乡赋忝嘉宾。不得同晁错，吁嗟后郄诜。计疏疑翰墨，时过忆松筠。献纳纡皇眷，中间谒紫宸。且随诸彦集，方觊薄才伸。破胆遭前政，阴谋独秉钧。微生沾忌刻，万事益酸辛。交合丹青地，恩倾雨露辰。有儒愁饿死，早晚报平津。（《奉赠鲜于京兆二十韵》）

骅骝色华，雕鹗飞扬，脱落风尘。奈何日暮途远，天高帝远。

说到干谒，我只有苦笑。在我生活的唐代，入仕途径主要有三：一是世袭，明显我不够格；二是应试，自小官做起，一步步升迁。然我屡试不中，仍满怀希望；三是投诗干谒，以诗文求有权位者荐举。

在热衷仕进的追逐中，干谒有一点用世的真诚，但更多是为生计所迫。我之投诗京兆，邻于饿死，正如昌黎之上书宰相，迫于饥寒。

我走上干谒之路，是权衡再三后的决定。我怀抱"致君尧舜"的理想，并预备将为此受尽屈辱。其实在那场考试落第之前，我的干谒还比较有尊严，即使我曾受骗上当被权相耍弄，也曾顿顿残杯冷炙、蔬食不饱。

世事漫随流水，算来一梦浮生。

起初，我寄望于新的宰相杨国忠。李林甫在天宝十一载（752）十一月死了，杨国忠于天宝十一载（752）十一月为右相，鲜于京兆是杨国忠的心腹。

我投诗鲜于京兆，期待任用，但也没什么用，于是我干脆直接给皇帝献诗。

终于令玄宗召见我的是《三大礼赋》。我狂喜，开始梦想"汤武偶相逢，风虎云龙。兴亡只在笑谈中"。其实之前，我曾经献过其他的赋。我最早歌颂的是皇家园林的一条狗，名叫《天狗赋》，那是天宝六载（747）。天宝九年（750），我又献了《雕赋》，然而我仍然不见用也，"则晨飞绝壑，暮起长汀，来虽自负，去若无形。置巢巇嵲，养子青冥。倏尔年岁，茫然阙廷。莫试钩爪，空回斗星，众雏倘割鲜于金殿，此鸟已将老于岩扃"！

直至天宝十载（751），我献上了《三大礼赋》，即《朝献太清宫赋》《朝享太庙赋》《有事于南郊赋》。出这个主意的是宰相张说的次子张垍，他是玄宗女儿宁亲公主的驸马，深受皇帝宠幸，所谓"天上张公子，宫中汉客星。赋诗拾翠殿，佐酒望云亭"。

此前，太白山人王玄翼见玄元皇帝，王山人禀报宝仙洞有妙宝真符。玄宗于是命刑部尚书张均等往求，果然得之，权臣于是争相表贺天降符瑞。玄宗大喜，便于天宝十载（751）正月，祠太清宫、太庙、祀南郊。

自武后始，铸铜为匦。东曰延恩，献赋颂，求仕进者投之；南曰招谏，言朝政得失者投之；西曰申冤，有冤抑者投之；北曰通玄，言天象突变及军机秘技者投之。

张垍怜惜我春草漂萍，一再怂恿我。这年我四十岁，于是做《三大礼赋》，投延恩匦以献。

大约时机不错，这一次，"玄宗奇之，召试文章"，命我待制集贤院。

男儿生无所成头皓白，牙齿欲落真可惜。忆献三赋蓬莱宫，自怪一日声辉赫。集贤学士如堵墙，观我落笔中书堂。往时文彩动人主，此日饥寒

趋路旁。晚将末契托年少，当面输心背面笑。寄谢悠悠世上儿，不争好恶莫相疑。（《莫相疑行》）

那日我妙笔生花，观者如堵，我出名了。那晚我激动得彻夜未眠。一切圣宠，如天的平台，如海的政绩，仿佛在等待着我，我虔诚地待制。

出乎意料的是，一朝成名并没有立竿见影，这一待制便是几年。尽管我献《三大礼赋》轰动一时，但杨国忠不肯用我。所以当我邻于饿死、迫于饥寒，我仍向京兆鲜于仲通献诗。

杨国忠未见得比李林甫更好，但生存的压力与生命的尊严，哪一个更重要？

最后，朝廷终于授了我河西县尉，我不肯去。

　　不作河西尉，凄凉为折腰。老夫怕趋走，率府且逍遥。耽酒须微禄，狂歌托圣朝。故山归兴尽，回首向风飙。（《官定后戏赠》）

"故山归兴尽，回首向风飙。"，说归去，又且能归去？我始终辗转在长安的车尘马辙间，惶惶如丧家之犬。

为了前程，我在长安整整混迹十年。"昭代将垂白，途穷乃叫阍"，始终奔走于干谒的路途上，消磨了青春年华。

　　兄将富贵等浮云，弟窃功名好权势。长安秋雨十日泥，我曹鞴马听晨鸡。公卿朱门未开锁，我曹已到肩相齐。（《狂歌行赠四兄》）

可是，这条路貌似走不通。

第三章　河朔风尘

人生无惧苦、无惧艰难，最难消受急转直下的巨变。

起于盛唐的他，原本应拥有那样非凡的人生：也许披着碧色襕衫、殚精竭虑献计朝堂，为唐王朝定下又一条明章之策。也许骑着的卢马、射出惊心霹雳箭醉卧沙场，为国家开辟一块新的肥沃疆土。也许踌躇满志，任掖庭的柳枝浪掷时光。也许横刀跃马、饮下葡萄美酒看琥珀杯映照白夜。长在世宦之家的他本不应背负如此人生：长安风云尚未尽，渔阳鞶鼓动地哀。曲江边的簇簇春花，大唐王朝的江山如画，玄宗皇帝心中的铁蹄雄霸，在"安史之乱"中一夕尽毁、灰飞烟灭。

曾经，杜甫惊艳于三月三的长安，曾在绣罗蹙金的暮春时分，看杨花落白、观青鸟衔红。谁知却陷落于生灵涂炭的长安，在咸阳桥的尘埃里，惊城春草木深，喜肃宗登基。回望兵车丽人光影交错，多少炙手可热，多少冤魂白骨。于是杜甫冒死奔赴凤翔行在，于风雨飘摇的倾覆关头，着青袍白袜、抱复兴旗帜，效力于朝中。可他就算坚守拾遗廷议封事之本分，在忧国忧民的热望中，仍落得谏房琯被贬，空忧新君治疏。

琉璃万顷的渼陂当不识忧端齐终南的杜陵布衣，香雾清辉的鄜州月也照不暖遥怜儿女的少陵野老。貂裘驼羹的朱门外布满饿殍冻骨，细柳新蒲的宫殿从此千门紧锁。

明眸皓齿今何在？杜子美忧心忡忡，看吴钩少年。

吾皇开边

在长安，有时，我感到愤懑。

天宝以后，我朝对西北、西南少数民族的战争越来越频繁。"边庭流血成海水，武皇开边意未已"。

天宝十载（751）四月，剑南节度使鲜于仲通讨南诏，大败于泸南。"时仲通将兵八万……军大败，士卒死者六万人，仲通仅以身免。"杨国忠却掩其败状，仍叙其战功。

朝廷因此大募两京及河南河北兵以征南诏。人人听说云南多瘴疠，未战则士卒死者十之八九，都不肯应募，于是杨国忠遣御史分道捕人，连枷送诣军所。行者愁怨，父母妻子送之，哭声振野。

这些惨痛景况，我亲眼所见。

车辚辚，马萧萧，行人弓箭各在腰。耶娘妻子走相送，尘埃不见咸阳桥。牵衣顿足拦道哭，哭声直上干云霄。道旁过者问行人，行人但云点行频。或从十五北防河，便至四十西营田。去时里正与裹头，归来头白还戍边。边庭流血成海水，武皇开边意未已。君不闻汉家山东二百州，千村万落生荆杞。纵有健妇把锄犁，禾生陇亩无东西。况复秦兵耐苦战，被驱不异犬与鸡。长者虽有问，役夫敢伸恨。且如今年冬，未休关西卒。县官急

索租，租税从何出？信知生男恶，反是生女好。生女犹得嫁比邻，生男埋没随百草。君不见青海头，古来白骨无人收。新鬼烦冤旧鬼哭，天阴雨湿声啾啾。(《兵车行》)

乐府历来按题作诗，《乌生八九子》咏乌，《雉朝飞》咏雉，《鸡鸣高树巅》咏鸡，大抵类此。但我不，我不沿用古题，更不蹈前人陈迹，缘事而发，即事名篇。我这首乐府，与高适的《燕歌行》，其实是一个意思，我担忧明皇穷兵黩武。

车辚辚。萧萧马鸣。

你看兵车隆隆，战马嘶鸣，一队队被抓的穷苦百姓，换上了戎装，佩上了弓箭，被官吏押往前线。征夫的爷娘妻子，在纷乱的队伍中寻找、呼喊，牵衣顿足。车马扬尘遮蔽了天，甚至咸阳西北横跨渭水的大桥也被遮没。

千万人的悲哭回荡，千万个家庭妻离子散。

我遇见了一位从十五岁便出征、如今四十岁仍在戍边的"行人"，从年少到衰年，"去时里正与裹头，归来头白还戍边"。

连年征战，村落萧条，夫征妇耕，民不聊生。华山以东千村万落，荒无人烟。田园荒废，荆棘丛生。生男无喜，生女无怒。

吐谷浑有青海，方圆八九百里。高宗龙朔三年，为吐蕃所并。仪凤中，李敬玄与吐蕃战，败于青海。开元中，张景顺、张忠亮、崔希逸、皇甫维明、王忠嗣，先后破吐蕃，皆在青海西。

青海边，古战场，"古来白骨无人收。新鬼烦冤旧鬼哭，天阴雨湿声啾啾"。

在长安，有时，我感到忧伤。

玄宗深宠贵妃，贵妃极美，"回眸一笑百媚生，六宫粉黛无颜色""后宫佳丽三千人，三千宠爱在一身"。贵妃姐妹三人皆有才貌，并封国夫人。大姊封韩国夫人，三姨封虢国夫人，八姨封秦国夫人，其弟杨国忠则封相。

每年十月，皇帝幸华清宫，国忠姊妹五家扈从。每家为一队，着一色衣，

五家合队，交相映照，如百花焕发。而遗钿坠舄，瑟瑟珠翠，灿烂芳馥于路。

据说曾有路人壮着胆俯身窥视其车，但觉香气数日不绝。扈从的队伍驼马千余匹，以剑南旌节器仗前驱。

又传杨国忠与虢国夫人邻居第而有私，往来无期，或并辔入朝，又公然招摇过市，携众遨游。

我朝自武后以来，外戚擅权，杨氏兄妹如此骄纵，君王这般昏庸，朝政自然腐败。这些，从他们上巳曲江边踏青之景便可见一斑。

三月三日天气新，长安水边多丽人。态浓意远淑且真，肌理细腻骨肉匀。绣罗衣裳照暮春，蹙金孔雀银麒麟。头上何所有，翠微㔩叶垂鬓唇。背后何所见，珠压腰衱稳称身。就中云幕椒房亲，赐名大国虢与秦。紫驼之峰出翠釜，水精之盘行素鳞。犀箸厌饫久未下，鸾刀缕切空纷纶。黄门飞鞚不动尘，御厨络绎送八珍。箫鼓哀吟感鬼神，宾从杂遝实要津。后来鞍马何逡巡，当轩下马入锦茵。杨花雪落覆白蘋，青鸟飞去衔红巾。炙手可热势绝伦，慎莫近前丞相嗔。（《丽人行》）

上巳节，天朗气清，惠风和畅。曲江边窈窕而至一群贵妇丽人，副笄六珈，如山如河，华如桃李，鬓发如云。手如柔荑，肤如凝脂，领如蝤蛴，齿如瓠犀，螓首蛾眉。巧笑倩兮，美目盼兮。

浓如红桃裹露，远如翠竹笼烟。头上金雀钗，腰佩紫琅玕。足下何所著？红蕖罗袜穿镫银，华丽非凡。

秦国夫人、虢国夫人在前，杨国忠殿后，鞍马逡巡。一会儿杨国忠当轩下马，意气洋洋，旁若无人，烜赫声势若此。

忽然"黄门飞鞚不动尘，御厨络绎送八珍"，原来是内廷太监奉旨鞚马飞驰而来，从御厨房送来珍馐美馔助兴。

"杨花雪落覆白蘋，青鸟飞去衔红巾。"北魏胡太后曾威逼杨白花私通款曲，杨惧祸降梁，改名杨华。胡太后于是作《杨白花歌》，有"秋去春来双燕

子，愿衔杨花入窠里"之句。

又《汉武故事》，七月七日，上于承华殿斋坐中，忽有青鸟从西方来集殿前，有顷，王母至，有二青鸟如乌，夹侍王母旁，我朝常将青鸟以为红娘。

杨花青鸟，我不过借他人之典讲今日之事罢了。世道如此，我无一刺讥语，但描摹处语语刺讥。无一慨叹声，仅点逗处声声慨叹。

在长安，有时，我感到快意。我认识了许多好朋友，例如岑参。

岑参家世本显赫，曾祖父岑文本为太宗相，伯祖岑长倩为高宗相，伯父岑羲为睿宗相。至岑参时家道中落，孤贫只能从兄受学。

岑参天资聪慧，五岁读书，九岁赋诗写文，二十岁时长安献诗求仕无成，奔走京洛，漫游河朔。后登进士第，曾两度出塞，擅写边塞戎马诗篇。

我喜欢他的《白雪歌送武判官归京》：

北风卷地白草折，胡天八月即飞雪。忽如一夜春风来，千树万树梨花开。散入珠帘湿罗幕，狐裘不暖锦衾薄。将军角弓不得控，都护铁衣冷难着。瀚海阑干百丈冰，愁云惨淡万里凝。中军置酒饮归客，胡琴琵琶与羌笛。纷纷暮雪下辕门，风掣红旗冻不翻。轮台东门送君去，去时雪满天山路。山回路转不见君，雪上空留马行处。

仲秋八月，北风席卷，胡地飘雪。其雪壮观，仿佛一夜之间春风吹来，树上梨花竞相开放。

而岑参与人在轮台东门外告别，白雪满山，山路曲折不见人踪，唯雪地上马蹄点点。

写这诗时，西北边疆一带战事频繁。岑参素有边关志，曾自言"丈夫三十未富贵，安能终日守笔砚"？天宝十三载（754）夏秋之交，他任安西北庭节度使封常清判官，到北庭，肃宗至德二载（757）春夏之交方东归。武判官即其前任，岑参在轮台送他归京，写下此诗。

这次是岑参第二次出塞。他前后在边疆军队中生活了六年，颇知鞍马风

尘。但我相信，奇丽多变的雪景并不及岑参奇丽多变的想象。这首诗歌，奇峭飒爽，刚柔相济，一如岑参其人，后世果然广为流布。

天宝十载（751），岑参初次出塞归来，我们常在一起登临。

天宝十一载（752）秋，此时高适也已随哥舒翰入朝，我与岑参、高适、薛据、储光羲一同登慈恩寺塔。

慈恩寺在万年县东南八里，是高宗做太子时为他母亲而建，故名。塔乃玄奘在永徽三年（652）所建，称大雁塔，共六层，大足元年（701）改建，增高为七层。

登塔俯视神州，百感交集，心中翻滚起无穷无尽的忧虑。我想起了我的王朝，仿佛歌舞升平，其实危机四伏。

> 高标跨苍穹，烈风无时休。自非旷士怀，登兹翻百忧。方知象教力，足可追冥搜。仰穿龙蛇窟，始出枝撑幽。七星在北户，河汉声西流。羲和鞭白日，少昊行清秋。秦山忽破碎，泾渭不可求。俯视但一气，焉能辨皇州。回首叫虞舜，苍梧云正愁。惜哉瑶池饮，日晏昆仑丘。黄鹄去不息，哀鸣何所投。君看随阳雁，各有稻粱谋。（《同诸公登慈恩寺塔》）

终南山和秦岭，平地眺望但见青苍一片，于塔上凝视，则群山相杂，似被切削成许多碎块。

泾水本浊，渭水本清，但自塔上看去，清浊难辨。至于长安，京都朦胧，一如政局。

天宝十一载（752）以来，玄宗已近晚年。圣上自恃承平，以为天下无复可忧，遂深居禁中，专以声色自娱，政事悉委李林甫。李林甫媚侍左右，迎会上意，以固其宠。对下则杜绝言路，掩蔽聪明，以成其奸。忌贤妒能，排抑胜己，以保其位。屡起大狱，诛逐贵臣，以张其势。李林甫在相位十九年，终于酿成天下之乱。

后李林甫去，杨国忠复来，情况只有更糟。圣上竟然不知，那些趋炎附势之人，就像随太阳温暖转徙的候鸟，罔顾江山社稷，只顾自我谋生，追逐私利。"君看随阳雁，各有稻粱谋"。

那天，同时登塔诸公，也各有题咏。

岑参云"下窥指高鸟，俯听闻惊风""誓将挂冠去，觉道资无穷"，他对危机四伏，险象环生的社会现实不满，却缺少承担的勇气，最终对现实的超越是逃到佛家净域中去。储光羲云"俯仰宇宙空，庶随了义归"，其立意与岑参相近。高适云"秋风昨夜至，秦塞多清旷。千里何苍苍，五陵郁相望""盛时惭阮步，末宦知周防。输效独无因，斯焉可游牧"，他在诗中表现出怀才不遇的抑郁和强烈的用世之志，与岑储欲逃禅境界不同。

而我却"登兹翻百忧"，穿过佛境的局限，我的目光穿透了历史，穿透了现实，我以深广的阔大胸怀关注着这个危机四伏的唐王朝。

如大将旗鼓相当，皆万人莫敌。同声相求，自然畅快。

但我们的唐朝已风雨欲来。

他们说，应诏退下前后，我像变了一个人，岂能不变？

旅食京华，十年困蹇，足以改变一个人。

之前，我抱着很大希望参加考试，何曾想过再次落第。之后，我想变个法子，认真走干谒的路子，也始终不得其门而入。

萧十，是我从姑的儿子，我曾经向他倾诉我的困惑。

> 有美生人杰，由来积德门。汉朝丞相系，梁日帝王孙。蕴藉为郎久，魁梧秉哲尊。词华倾后辈，风雅蔼孤骞。宅相荣姻戚，儿童惠讨论。见知真自幼，谋拙愧诸昆。漂荡云天阔，沉埋日月奔。致君时已晚，怀古意空存。中散山阳锻，愚公野谷村。宁纡长者辙，归老任乾坤。（《赠比部萧郎中十兄》）

"致君时已晚，怀古意空存"，或许，我应学嵇康，居山阳柳树下打铁，又或是隐入山中做愚公。

这个时期，始终关注我的，是韦济。韦济，宰相韦嗣立第三子，少以能文知名，为官"从容雅度，以简易为政"。我的祖父杜审言与韦丞相有交情，我

称他为丈人。

韦济之父韦思谦，武后时同鸾台凤阁三品，他有两个儿子：承庆、嗣立。父子三人皆至宰相，有唐以来莫与能比。

韦济对我很关心看重，"当路谁相假，知音世所稀"，我因此常常给他写诗倾诉衷肠。

我在第二次落第后寄寓长安，失意之余纵浪近畿。而当时韦济为河南尹，因不知情，还常去陆浑庄寻我。

> 有客传河尹，逢人问孔融。青囊仍隐逸，章甫尚西东。鼎食分门户，词场继国风。尊荣瞻地绝，疏放忆途穷。浊酒寻陶令，丹砂访葛洪。江湖漂短褐，霜雪满飞蓬。牢落乾坤大，周流道术空。谬惭知蓟子，真怯笑扬雄。盘错神明惧，讴歌德义丰。尸乡余土室，谁话祝鸡翁。（《奉寄河南韦尹丈人》）

不以我贫贱为意，令人感动。

幸运的是，不久，他便迁左丞入京。在长安，我常常对着他叹老嗟贫。

> 左辖频虚位，今年得旧儒。相门韦氏在，经术汉臣须。时议归前烈，天伦恨莫俱。鸰原荒宿草，凤沼接亨衢。有客虽安命，衰容岂壮夫。家人忧几杖，甲子混泥途。不谓矜余力，还来谒大巫。岁寒仍顾遇，日暮且踟蹰。老骥思千里，饥鹰待一呼。君能微感激，亦足慰榛芜。（《赠韦左丞丈济》）

叹息并不能改变什么，后来，我渐渐失去了信心。三十七岁那年，我这样对韦济表达我的心情：

> 纨袴不饿死，儒冠多误身。丈人试静听，贱子请具陈。甫昔少年日，早充观国宾。读书破万卷，下笔如有神。赋料扬雄敌，诗看子建亲。李邕

求识面，王翰愿卜邻。自谓颇挺出，立登要路津。致君尧舜上，再使风俗淳。此意竟萧条，行歌非隐沦。骑驴三十载，旅食京华春。朝扣富儿门，暮随肥马尘。残杯与冷炙，到处潜悲辛。主上顷见征，欻然欲求伸。青冥却垂翅，蹭蹬无纵鳞。甚愧丈人厚，甚知丈人真。每于百僚上，猥诵佳句新。窃效贡公喜，难甘原宪贫。焉能心怏怏，只是走踆踆。今欲东入海，即将西去秦。尚怜终南山，回首清渭滨。常拟报一饭，况怀辞大臣。白鸥没浩荡，万里谁能驯。（《奉赠韦左丞丈二十二韵》）

写这首"二十二韵"时，我已经打算再无出路就离开长安，退隐江海。此时，距离我二十四岁（735）在洛阳应进士试落选已有十三年。十三年，我累了。许多话藏在心中，欲言又止，只能付诸诗。后人评价我的诗文"沉郁顿挫"，大概就从这个时候开始。

年华渐老，本应荡然任心、乐道安命，但我依然泥途困窘，不知所往。

老骥思千里，饥鹰待一呼。

我想，我这前半生，就是与众不同的半生。如何不同？

我与他人不同。"纨袴不饿死，儒冠多误身"，纨袴子弟们不学无术，却活得脑满肠肥、趾高气扬，我等读书人则空怀壮志，挣扎求生。我们的人生如此不同。

我与从前的我也不同。少年时得意蒙荣，眼下误身受辱。早年，我也算才学出众、抱负远大。那时的我，丈夫拥书万卷，何暇南面百城。博学精深，下笔有神，作赋自认可与扬雄匹敌，咏诗眼看就与曹植相亲。

多么自负。

那时节，当代文坛领袖李邕、诗人王翰，都赏识我，我是很早就见过大世面的人。然而后来竟渐渐过上了"此意竟萧条""蹭蹬无纵鳞"的日子。

现实是残酷的。"要路津"早已被"坐则华屋，行则肥马"的"纨袴"占尽，我几无立锥之地。

多年来，我与我的瘦驴，奔波颠踬在长安的大街小巷。春风吹拂的早上，

我敲打豪富人家的大门,受尽纨绔子弟的白眼;月上柳梢的夜晚,我尾随着贵人的肥马扬起的尘土郁郁归来。在权贵们的残杯冷炙中讨生活,成年累月,"残杯与冷炙,到处潜悲辛"。

世态炎凉。

那次寄托我无限期望的朝廷特试,不过是奸相李林甫策划的一个忌才骗局。我承认,这于我是沉重的打击。"青冥却垂翅,蹭蹬无纵鳞",就像刚飞向蓝天的大鹏又垂下了双翅,也像遨游于远洋的鲸鲵陡然失去了自由。

我想我再不能忍受,我想走。但回想这十年来反复出现的梦境,我仍不禁顾瞻徘徊,去住两情兮难具陈。

办法是真的没有了,希望也是真的没有了。只能毅然引退,像白鸥,飘飘远逝于万里波涛之间,"白鸥没浩荡,万里谁能驯"!

在京日久,我已满心寄人篱下的狼狈。从前的我原本恃才负气,自视极高,生性倔强。现在的我,却彷徨失措。

转机似乎出现了,天宝八载(749),曾有件事情令我印象深刻。那是安西副都护高仙芝平小勃律得胜回朝,一时京师震动。

当日之胜景我曾目睹,高仙芝平虏有功自不必说。而让我眼前一亮的,是他颇不一般的座骑,那是一匹胡青骢。西域吐谷浑有青海,中有小山,至冬冰合,尝得波斯马放入海,因生骢马,日行千里,故时称青海骢马。

这青白色的马跟随高仙芝凯旋,临阵无敌,与人一心,它是了不起的战马。"雄姿未受伏枥恩,猛气犹思战场利"。

青海骢马来自流沙之地,交河之处。马蹄欲促,促则健;蹄欲高,高耐险峻。眼前的青骢正是如此,"腕促蹄高如踏铁,交河几蹴曾冰裂"。

如五花,如汗血。

安西都护胡青骢,声价欻然来向东。此马临阵久无敌,与人一心成大功。功成惠养随所致,飘飘远自流沙至。雄姿未受伏枥恩,猛气犹思战场利。腕促蹄高如踏铁,交河几蹴曾冰裂。五花散作云满身,万里方看汗流

血。长安壮儿不敢骑，走过掣电倾城知。青丝络头为君老，何由却出横门道。（《高都护骢马行》）

长安城北，出西头第一门，曰横门。其外有桥，曰横桥。自横门渡渭而西，即是趋西域之路。"青丝络头为君老，何由却出横门道。"据说，后来那胡青骢马不甘于在长安享福，竟出横门道，欲驰驱于战场。当时我曾暗忖，这马儿，比我之壮志未酬不知好了多少。

我少小有肺气病，四十岁左右头发就白了。早生华发，而壮志未酬，我决定投笔从戎。

这个决定从见高仙芝时起便有影子，但直到与高适重逢才真的跳了出来。天宝十一载（752），老朋友高适随河西节度使哥舒翰入朝，与我短暂相聚。

崆峒小麦熟，且愿休王师。请公问主将，焉用穷荒为。饥鹰未饱肉，侧翅随人飞。高生跨鞍马，有似幽并儿。脱身簿尉中，始与捶楚辞。借问今何官，触热向武威。答云一书记，所愧国士知。人实不易知，更须慎其仪。十年出幕府，自可持旌麾。此行既特达，足以慰所思。男儿功名遂，亦在老大时。常恨结欢浅，各在天一涯。又如参与商，惨惨中肠悲。惊风吹鸿鹄，不得相追随。黄尘翳沙漠，念子何当归。边城有余力，早寄从军诗。（《送高三十五书记十五韵》）

此前高适原本解褐授汴州封丘尉，但他不喜欢，于是辞官客游河右。河西节度使哥舒翰见而异之，表奏为左骁卫兵曹，充翰府掌书记。高适从翰入朝，翰盛称之于天子前。

那时李林甫、陈希烈当国，忌才斥士，无路可通，哥舒翰独能甄用才俊。

我与高适不相见已经年，此时重逢，但见他跨鞍马，傲骄有似幽并儿。

虽然高适遇见哥舒翰，已在暮年，但毕竟换来功成名就。我的另一个好友岑参，也是军幕出身，最后做到了刺史，我很羡慕他们。"青眼高歌俱未老，

向尊前、拭尽英雄泪"。

高适告诉我，他能入哥舒翰军，引荐人是田梁丘，他让我想法联络此人。

天宝十三载（754），吐谷浑苏田比王款塞，皇帝诏哥舒翰到磨环川接应他。哥舒翰派遣判官田梁丘入朝，于是我作了《赠田九判官》：

> 崆峒使节上青霄，河陇降王款圣朝。宛马总肥春首蓿，将军只数汉嫖姚。陈留阮瑀谁争长，京兆田郎早见招。麾下赖君才并入，独能无意向渔樵。

不顾如此辗转，我满心希望见召。

此时，我从军心决，便又写了首诗，请田梁丘转交将军本人。

> 今代麒麟阁，何人第一功。君王自神武，驾驭必英雄。开府当朝杰，论兵迈古风。先锋百胜在，略地两隅空。青海无传箭，天山早挂弓。廉颇仍走敌，魏绛已和戎。每惜河湟弃，新兼节制通。智谋垂睿想，出入冠诸公。日月低秦树，乾坤绕汉宫。胡人愁逐北，宛马又从东。受命边沙远，归来御席同。轩墀曾宠鹤，畋猎旧非熊。茅土加名数，山河誓始终。策行遗战伐，契合动昭融。勋业青冥上，交亲气概中。未为珠履客，已见白头翁。壮节初题柱，生涯独转蓬。几年春草歇，今日暮途穷。军事留孙楚，行间识吕蒙。防身一长剑，将欲倚崆峒。（《投赠哥舒开府翰二十韵》）

这番造作，我只叹身老不遇。自伤转蓬暮景民，长剑耿耿倚天外。

哥舒翰非常讲义气，我相信我有机会。可是不久，他中风还京，在家养病。

我的梦想又破灭了。

奉先咏怀

天宝十三载（754），未授官时，我曾数次游渼陂。渼陂在鄠县西五里，出终南山诸谷，合胡公泉为陂。这是喜欢寻幽探奇的岑参兄弟带我远道而去的，真如岑参兄弟奇绝的性格，这是一次神奇的经历。

> 岑参兄弟皆好奇，携我远来游渼陂。天地黯惨忽异色，波涛万里堆琉璃。琉璃汗漫泛舟入，事殊兴极忧思集。鼍作鲸吞不复知，恶风白浪何嗟及。主人锦帆相为开，舟子喜甚无氛埃。凫鹥散乱棹讴发，丝管啁啾空翠来。沈竿续蔓深莫测，菱叶荷花净如拭。宛在中流渤澥清，下归无极终南黑。半陂以南纯浸山，动影袅窕冲融间。船舷暝戛云际寺，水面月出蓝田关。此时骊龙亦吐珠，冯夷击鼓群龙趋。湘妃汉女出歌舞，金支翠旗光有无。咫尺但愁雷雨至，苍茫不晓神灵意。少壮几时奈老何，向来哀乐何其多。（《渼陂行》）

我们到渼陂不久，天地便陡然变色。遥望渼陂，昏暗奇异，汪汪若万顷之波。波涛随之翻涌，万里清澈如琉璃，江暗雨欲来，浪白风初起。岑参兄弟兴致极高，偏在此时要泛舟而入，我中心忧惧，想鼍龙该如何发怒，鲸鱼将如何残忍吞食我们。

滔天巨浪里，船帆相继打开，待行船时，风恬浪平，云净天空。倒是船夫的歌声惊散了水中的野鸭和水鸥，丝管齐鸣唤醒了满眼绿色的草木。

天晴了。

水面极深，澄江净如练，菱叶、荷花如被洗涤过。船至湖心，仿佛到了空旷清澈的渤海。

终南山的倒影占满了㵲陵的南半湖，轻轻地摇动于水间。

黄昏了，船舷擦过天际山的大定寺，月出皎兮，蓝田关上升起的月亮，此时也在水中荡漾。

我想起了骊龙之珠。《庄子》云："千金之珠，必在九重之渊而骊龙颔下。子能得珠者，必遭其睡也。"我想起了冯夷，《搜神记》载：冯夷，潼乡堤首里人，服八石，得成仙，被天帝命为河伯，即掌管黄河之神。

我想起了舜之妃。《列女传》说，舜崩苍梧，二妃死于江湘之间，俗谓之湘君。此时灯火遥映，如骊龙吐珠。音乐远闻，如冯夷击鼓。晚舟移棹，如群龙争趋。美人在舟，依稀湘妃汉女；服饰鲜丽，仿佛金支翠旗。

忽然这片刻云气又再低垂，我真担心雷雨将至。苍茫之中，神灵的旨意神秘莫测。"孔子叹逝水，庄生悲藏舟"，我想人生年轻力壮能有多久，老之将至该当如何？

苦多乐少，"向来哀乐何其多"。

天宝十四载（755），朝廷改授我右卫率府兵曹参军，我已经四十四岁。

我自京赴奉先县探亲，是时，玄宗携杨贵妃往骊山华清宫避寒。谁能预料，十一月，安禄山即举兵造反。

这次回家，我写下了一生中痛彻心扉的五百个字。

杜陵有布衣，老大意转拙。许身一何愚，窃比稷与契。居然成濩落，白首甘契阔。盖棺事则已，此志常觊豁。穷年忧黎元，叹息肠内热。取笑同学翁，浩歌弥激烈。非无江海志，萧洒送日月。生逢尧舜君，不忍便永诀。当今廊庙具，构厦岂云缺。葵藿倾太阳，物性固莫夺。顾惟蝼蚁辈，

但自求其穴。胡为慕大鲸，辄拟偃溟渤。以兹悟生理，独耻事干谒。兀兀遂至今，忍为尘埃没。终愧巢与由，未能易其节。沉饮聊自遣，放歌颇愁绝。岁暮百草零，疾风高冈裂。天衢阴峥嵘，客子中夜发。霜严衣带断，指直不得结。凌晨过骊山，御榻在嵽嵲。蚩尤塞寒空，蹴踏崖谷滑。瑶池气郁律，羽林相摩戛。君臣留欢娱，乐动殷膠葛。赐浴皆长缨，与宴非短褐。彤庭所分帛，本自寒女出。鞭挞其夫家，聚敛贡城阙。圣人筐篚恩，实欲邦国活。臣如忽至理，君岂弃此物。多士盈朝廷，仁者宜战栗。况闻内金盘，尽在卫霍室。中堂有神仙，烟雾蒙玉质。暖客貂鼠裘，悲管逐清瑟。劝客驼蹄羹，霜橙压香橘。朱门酒肉臭，路有冻死骨。荣枯咫尺异，惆怅难再述。北辕就泾渭，官渡又改辙。群水从西下，极目高崒兀。疑是崆峒来，恐触天柱折。河梁幸未坼，枝撑声窸窣。行旅相攀援，川广不可越。老妻寄异县，十口隔风雪。谁能久不顾，庶往共饥渴。入门闻号咷，幼子饥已卒。吾宁舍一哀，里巷亦呜咽。所愧为人父，无食致夭折。岂知秋禾登，贫窭有仓卒。生常免租税，名不隶征伐。抚迹犹酸辛，平人固骚屑。默思失业徒，因念远戍卒。忧端齐终南，澒洞不可掇。（《自京赴奉先县咏怀五百字》）

途经骊山时，安史之乱的消息还没有传到长安，但我却深深感到"山雨欲来风满楼"。

我家旧宅在长安城南，故我每每自称杜陵布衣。我虽不欲随世立功，却期许圣贤事业，从小便欲为稷契，下救黎元、上辅尧舜。所志如此迂阔，果然失败了。

禹思天下有溺者，犹己溺之也，稷思天下有饥者，犹己饥之也，是以若是其急也。我虽不及禹稷，却也"穷年忧黎元"，愿尽己一生，与万民同哀乐。

我本想做个江海之士，山谷之人，轻天地细万物而独往，无奈生逢尧舜之君，不忍就此离开。我始终不肯如蝼蚁一般以经营巢穴自足，偏要似沧海巨鲸横海遨游。但因羞于干谒，直至如今诗酒流连、埋没风尘。

我这一路，岁暮初冬，夜发晨过，经过骊山时，骊宫高处入青云，仙乐风

飘处处闻。想那宫殿里一丝一缕、皇帝分赏群臣的实币帛筐，尔俸尔禄，皆民脂民膏。

无奈群臣忽视，轻负国恩，衮衮诸公，莫不如此。

听说大内奇珍异宝，俱已进入贵戚豪门，为轻纱笼罩着如玉美人。貂鼠裘，驼蹄羹，霜橙香橘，在在皆是，却不知"朱门酒肉臭，路有冻死骨"。

是真的。

我一路奔波回家，刚进门便听见家人的哭声，"幼子饿已卒""无食致夭折"，我的孩子饿死了，堂堂朝廷官吏的孩子因为饥饿失去生命。

多么哀痛，多么讽刺。

我好歹也拿着朝廷的俸禄，照例可免租税兵役，不意竟狼狈如此。而百姓惊惧不安，又会如何？"岂知秋禾登，贫窭有仓卒"。

我默默流着眼泪，无法安慰痛不欲生的妻子。我的朝廷啊，你的失地农民已倾家荡产，戍边士兵缺吃少穿。

大厦将倾。

忧民忧国忧自己，我的心沉重似终南，绵绵不绝，难以收敛。

安史之乱

　　"安史之乱"来了，我从此卷入颠沛流离的时代旋涡，沉沦下层。我的命运便是记录这时代罢了。

　　我朝近些年来，有两位宰相。一是李林甫，一是杨国忠，均非贤德。李林甫"口有蜜、腹有剑"，把持朝政达十九年之久。在职期间，排斥异己，培植党羽，"公卿不由其门而进，必被罪徙；附离者，虽小人且为引重"。

　　之后的杨国忠，乃贵妃之兄，更乃"不顾天下成败"，只顾循私误国之人。杨国忠公行贿赂，嫉贤忌能，骄纵跋扈，不可一世。

　　安禄山是胡人，本姓康，名轧荦山。其母阿史德氏乃突厥族巫婆，据说该巫婆多年不育，因祈祷突厥战斗之神轧荦山，不久便感应生子，因此名之。

　　安禄山外形痴肥，为人相当狡黠，懂六蕃语言，长期混迹牙市。其父早死，族群破落离散。而安禄山彪悍骁勇，一路从捉生将做到范阳、平卢、河东三藩节度使。

　　李林甫，其奸猾尤在安禄山之上，故安禄山尚能表面听命于朝廷。到了杨国忠时期，其才干不足，安禄山对杨不大感冒，彼此争权夺利，互不相让，这使"安史之乱"有了导火索。

　　加之哥舒翰与安禄山、东西节度使，也素有裂隙，君与臣、文臣与武将，矛盾日渐深重。

天宝十四载（755）十一月初九，安禄山在范阳起兵。他发动属下唐兵以及同罗、奚、契丹、室韦共15万人，号称20万，起兵叛乱。他的借口是"忧国之危"、奉密诏讨伐杨国忠。

当其时，安禄山步骑精锐无数。渔阳鼙鼓动地来，惊破霓裳羽衣曲。烟尘千里，鼓噪之声撼天动地。此时海内承平日久，几代不曾发生战争，故世人无不震惊，而皇帝根本不信。

安禄山迅速攻入洛阳，次年即称大燕皇帝，改元圣武。

皇帝这才慌了神，赶紧派郭子仪、李光弼等出征，郭、李在河北攻打叛将史思明，大败叛军，局势向好。

但潼关一役，玄宗用兵失策，本可据险而守，因听信谗言，玄宗竟逼迫哥舒翰出兵进攻。

叛兵因势伏击，唐军中计，不战自溃。就此，安史大军日渐逼近。乙未日黎明，晨光昏暗中，皇帝带着贵妃姐妹、皇子、皇孙、公主、妃子、杨国忠、韦见素、陈玄礼和近侍从延秋门出逃。

长安失守。

皇帝一行行至马嵬坡，六军将士兵变，杀死杨国忠，缢杀杨贵妃。"六军不发无奈何，宛转蛾眉马前死。花钿委地无人收，翠翘金雀玉搔头。君王掩面救不得，回看血泪相和流"。

皇帝的爱情和江山彻底破灭。

太子李亨旋即在灵武自行即位，尊李隆基为太上皇。玄宗入蜀，恍惚之间，一场盛世就此崩坍。

《后出塞五首》是我对"安史之乱"的第一笔记录。

男儿生世间，及壮当封侯。战伐有功业，焉能守旧丘？召募赴蓟门，军动不可留。千金买马鞍，百金装刀头。同里送我行，亲戚拥道周。斑白居上列，酒酣进庶羞。少年别有赠，含笑看吴钩。

乱世之中，男儿当如何，自当许身报国。我从军无门，故以我的笔，化身入伍。

我化为自范阳叛军中脱身逃归的士卒，拥有一腔报国之志的壮士。我出征关塞的那天，"落日照大旗，马鸣风萧萧"。在孟县河阳桥，我经由洛阳去河北的交通要道，早晨到军营报到，傍晚就随队向边关开拔。

军旅生活何等紧张，我们常常暮野行军，到安营扎寨之时，平坦的沙地上总会迅速排列出成千上万张帐幕，何等整齐威风。风沙之中，但见各队首领分头招集着帐下的士卒，平沙列万幕，部伍各见招。

入夜，"中天悬明月，令严夜寂寥。悲笳数声动，壮士惨不骄"，笳声悠远，数声悲咽的静营之号划破夜空。军势凛然、庄严，自然也惨烈。这便是："朝进东门营，暮上河阳桥。落日照大旗，马鸣风萧萧。平沙列万幕，部伍各见招。中天悬明月，令严夜寂寥。悲笳数声动，壮士惨不骄。借问大将谁？恐是霍嫖姚。"

我看不惯边将生事。

古人重守边，今人重高勋。岂知英雄主，出师亘长云。六合已一家，四夷且孤军。遂使貔虎士，奋身勇所闻。拔剑击大荒，日收胡马群。誓开玄冥北，持以奉吾君！

朝廷好大喜功，于是边将乐于邀功，上行下效。而我只想，于大荒中拔剑起舞，击杀叛军于马下。

我也担忧将骄欲叛。

献凯日继踵，两蕃静无虞。渔阳豪侠地，击鼓吹笙竽。云帆转辽海，粳稻来东吴。越罗与楚练，照耀舆台躯。主将位益崇，气骄凌上都。边人

不敢议，议者死路衢。

当边庭无警，他们恣意欢娱，滥赏以给军心，严刑以箝众口，安禄山如何不叛？可叹明皇黩武无厌，更养虎贻患。

我更赞赏军士之不从逆者。

我本良家子，出师亦多门。将骄益愁思，身贵不足论。跃马二十年，恐孤明主恩。坐见幽州骑，长驱河洛昏。中夜间道归，故里但空村。恶名幸脱免，穷老无儿孙。

军中许多像我一般的热血男儿，颇知忠义矣，不图身贵，唯恐负国。
《后出塞五首》，是我画的士兵像，是我眼中所见、心中所想，是我为之喟叹的"安史之乱"。

至德元载（756）十月，永王李璘反，他引动的这场兵戈，如蝴蝶翅膀的扇动，影响了我几位至交的命运。
他率兵东下时，他的僚佐之一是李白。十二月，讨伐他的淮南节度使，是高适。这年，岑参在轮台领伊西北庭度支副使，岁暮东归。我的朋友们，曾经歌咏一处、酒酣一处的挚友，运命所系、机缘巧合，竟然在同一场战争里兵戎相见。
而我，于此兵荒马乱之际，能做的只是携家带口逃亡。之前，我们投奔了白水的舅舅崔十九，如今不得不继续逃亡，我们离开白水，一路向北。

此行我几乎丧命，救我的是王砅，王砅是我的第四代表侄。
这是丧家之犬的逃亡之路，先是我骑的牲口被抢，踉跄中，我又失足掉进了蓬蒿坑里。三尺高的蓬蒿丛使我深陷其中而无法起身，当时狼狈无状，就这样跟家人失散了。

暮色渐渐来临，我听着遥远杂沓的脚步声，却无力起身。

是王砅发现我失踪的，他回头寻我，执着地走了十里路，终于发现了我的踪迹，救出了不堪的我。王砅让我骑上马，自己则持刀沿途保护，我才重新见到了家人。此一番恼恨与幸运，真难详述。

我们经过了白水县东北六十里的彭衙故城。

又是两日泥泞跋涉，终于抵达了同家洼，见到故人孙宰。孙宰情真，张灯迎客，备极款待。

> 忆昔避贼初，北走经险艰。夜深彭衙道，月照白水山。尽室久徒步，逢人多厚颜。参差谷鸟吟，不见游子还。痴女饥咬我，啼畏虎狼闻。怀中掩其口，反侧声愈嗔。小儿强解事，故索苦李餐。一旬半雷雨，泥泞相牵攀。既无御雨备，径滑衣又寒。有时经契阔，竟日数里间。野果充糇粮，卑枝成屋椽。早行石上水，暮宿天边烟。少留同家洼，欲出芦子关。故人有孙宰，高义薄曾云。延客已曛黑，张灯启重门。暖汤濯我足，剪纸招我魂。从此出妻孥，相视涕阑干。众雏烂熳睡，唤起沾盘餐。誓将与夫子，永结为弟昆。遂空所坐堂，安居奉我欢。谁肯艰难际，豁达露心肝。别来岁月周，胡羯仍构患。何当有翅翎，飞去堕尔前。（《彭衙行》）

"谁肯艰难际，豁达露心肝。"患难见真情，没有他，我已经身首异处。

坐在昏黄温暖的房间里，我与孙宰低声回顾过去时光。携家远行，儿女颠连，鸟鸣无人，一路荒凉，我的心也是荒凉的。

直到遇见孙宰，艰难之际豁露心肝。濯足的一盆热水，召唤惊魂的剪纸，丰盛热辣的晚餐，义结金兰的热肠，逢此凉薄之世，得此热烈之情，相视涕阑干。

孙家小住之后，我又拖男挈女，经华原、三川赴鄜州。在华原，我们遇到了洪灾。

我经华原来，不复见平陆。北上唯土山，连山走穷谷。火云无时出，飞电常在目。自多穷岫雨，行潦相豗壑。蓊匌川气黄，群流会空曲。清晨望高浪，忽谓阴崖踣。恐泥窜蛟龙，登危聚麋鹿。枯槎卷拔树，礧硊共充塞。声吹鬼神下，势阅人代速。不有万穴归，何以尊四渎。及观泉源涨，反惧江海覆。漂沙坼岸去，漱壑松柏秃。乘陵破山门，回斡裂地轴。交洛赴洪河，及关岂信宿。应沉数州没，如听万室哭。秽浊殊未清，风涛怒犹蓄。何时通身车，阴气不黪黩。浮生有荡汩，吾道正羁束。人寰难容身，石壁滑侧足。云雷屯不已，艰险路更踧。普天无川梁，欲济愿水缩。因悲中林士，未脱众鱼腹。举头向苍天，安得骑鸿鹄？（《三川观水涨二十韵》）

这是恐怖的路途，仿佛一直行走在水里，火云赫赫，飞电噗噗。

穷岫之雨，经行万壑，令蛟龙恐泥、麋鹿登高。枯槎浮水，与拔树俱卷。礧硊沙石，填塞簸荡。"应沉数州没，如听万室哭。"纵横激荡，有如浮生。流离奔走中，欲济无由，举头向苍天，安得骑鸿鹄？

历尽千辛万苦，我们终于到达鄜州，安顿在羌村。

　　避地岁时晚，窜身筋骨劳。诗书遂墙壁，奴仆且旌旄。行在仅闻信，此生随所遭。神尧旧天下，会见出腥臊。（《避地》）

违世陆沉，避地独窜，我的心并未安顿下来。我心中依然存有奔赴之情，匡时之志。

山河不稳，风雨飘摇，我总得做点什么。我渴望历史重演，像汉献帝时，迎帝还洛阳，成为披荆棘、倚墙壁的百官中的一员。

机会来了。在羌村不久，听闻肃宗七月在灵武即位，我便告别妻儿，只身北上延州，欲出芦子关，投奔行在。

恰在这时，我收到了弟弟杜颖从平阴捎来的消息，这真令我欣喜若狂。战火之中，生命不值钱。能够活着，便是一切。

近有平阴信，遥怜舍弟存。侧身千里道，寄食一家村。烽举新酣战，啼垂旧血痕。不知临老日，招得几时魂。

汝懦归无计，吾衰往未期。浪传乌鹊喜，深负鹡鸰诗。生理何颜面，忧端且岁时。两京三十口，虽在命如丝。(《得舍弟消息二首》)

鹡鸰这种鸟儿，只要一只离群，其余的就都鸣叫起来，寻找同类。《诗经·小雅·常棣》云："脊令在原，兄弟急难。每有良朋，况也永叹。"然而弟不能归，空传乌鹊之喜。

我不能往，深负鹡鸰之情。

身陷长安

　　我并没有寻到肃宗。我又回到了长安，叛乱中我用尽浑身解数才离开的长安。

　　我是被叛军押送来的，投奔肃宗的路上，我被俘陷贼。幸亏他们不曾发现我的真实身份，加上我人微位卑，被逼任伪职的痛苦，我得以幸免。未能幸免的，是我不得不目睹长安逐日沦陷。

　　那是怎样的沦陷。从东墙的春明门到西墙的金光门，从南墙的明德门到北墙的玄武门，这座"法天象地"、帝王为尊、百僚拱侍的都城，垣残壁断，疮痍满目。

　　不幸中的万幸，我在长安，仍存有限的自由，我可以外出游览，也可以访友。

　　安禄山极为残暴。叛军起后，安庆宗仍在朝廷，玄宗怒而斩之。安禄山入长安后，以牙还牙，斩杀皇族八十余人。他将丧子之痛，化为满街殷红。

　　这些殷红如同索命符，令我朝无数皇亲贵胄，仓皇逃窜。大厦将倾，东躲西藏的王孙，此时内心的恐惧，竟比平民还要大。日窜荆棘，体无完肤，令人慨叹。

　　过往的荣光越盛，越使今日的颓败难以忍受；从前的生活越幸福，越感到

此刻的仓皇难以面对。昔何勇锐今何愚，人生真如戏。

> 长安城头头白乌，夜飞延秋门上呼。又向人家啄大屋，屋底达官走避
> 胡。金鞭断折九马死，骨肉不得同驰驱。腰下宝玦青珊瑚，可怜王孙泣路
> 隅。问之不肯道姓名，但道困苦乞为奴。已经百日窜荆棘，身上无有完肌
> 肤。高帝子孙尽隆准，龙种自与常人殊。豺狼在邑龙在野，王孙善保千金
> 躯。不敢长语临交衢，且为王孙立斯须。昨夜东风吹血腥，东来橐驼满旧
> 都。朔方健儿好身手，昔何勇锐今何愚。窃闻天子已传位，圣德北服南单
> 于。花门剺面请雪耻，慎勿出口他人狙。哀哉王孙慎勿疏，五陵佳气无时
> 无。(《哀王孙》)

清晨的延秋门，白头乌鸦声声叫唤着悲惨的讯息。夜晚的风里，传来阵阵
难以消散的血腥。如此凄凉之中，达官走避，忍泣路隅。

其状甚哀。

我在长安遇到一位皇族，他的华服已经褴褛，他的眼里尽是空洞的悲伤。
他何曾想到过，大厦一夜便倾覆。他生而拥有的绚丽烟霞，他那流淌于血脉里
的尊贵安逸，还未来得及道别已化为战争的长风大浪。

君不见，金粟堆前松柏里，龙媒去尽鸟呼风。

最近太多悲哀的消息，房琯已经两次大败了。

房琯此人，风仪沉稳，弘文生出身。当年唐玄宗走避蜀地，是他连夜追
赶，不离不弃。

因此他被任命为文部尚书、同中书门下平章事，成为宰相。到达成都后，
又加银青光禄大夫。

后玄宗退位为太上皇，命房琯与左相韦见素、门下侍郎崔涣前往灵武，正
式册封唐肃宗为皇帝。面圣当日，房琯陈述玄宗让位之意，言及当前形势，言
辞慷慨，肃宗大为激赏，遂倾心相待。

房琯一向自负才华，以天下兴复为己任，于是自请用兵，欲平叛乱，实际

用兵本非他所长。

房琯本是书生，用兵未免意志不坚。当中军、北军在咸阳县陈陶斜遇到叛军，房琯本欲防守，等待时机。伺机而动是正确的，然而中使邢延恩反复催促，房琯立场不稳，勉强出战。

面对安禄山的铁骑，他采用春秋时战法，以车二千乘缭营，骑步夹之。既战，贼乘风噪，牛悉骍栗，贼投刍而火之，人畜焚烧，杀卒四万，血丹野，残众才数千，溃不成军。

两千乘牛车，在马步军护卫之下，开向叛军。叛军则顺着风势，扬尘纵火。唐军大败，人畜相杂，死伤多达四万，仅有数千人逃出。

陈陶兵败，实与监军宦官促战、强行改变原来战略有关。起初，肃宗本来并未加罪房琯，而房琯返回行在，肉袒见帝请罪，肃宗原谅了他，虽恨房琯丧师，却恩眷未衰。

但陈陶的确败了，而后的青坂再败。

孟冬十郡良家子，血作陈陶泽中水。野旷天清无战声，四万义军同日死。群胡归来血洗箭，仍唱胡歌饮都市。都人回面向北啼，日夜更望官军至。（《悲陈陶》）

我军青坂在东门，天寒饮马太白窟。黄头奚儿日向西，数骑弯弓敢驰突。山雪河冰野萧瑟，青是烽烟白人骨。焉得附书与我军，忍待明年莫仓卒。（《悲青坂》）

陈陶红泽水，青坂白骨地。这场战争，毁灭了多少繁荣与希望。

房琯此刻未被降罪，但之后不久，依然因此役成为他人攻击的口实。贺兰进明，浊流一派，他后来对肃宗说，房琯生性虚浮，好说大话，不是宰相之才。他又说，房琯在成都辅佐太上皇时，让诸王掌兵权，居重藩，却把肃宗安置在边鄙之地，这是不忠。他还说，房琯安排自己的党羽，掌握军队，并非为

肃宗尽忠。

肃宗从此疑心房琯忠于玄宗而不忠于自己，开始改变了态度。再后来便以陈陶兵败为由，罢免了房琯。而我，因为替房琯争辩，也被肃宗疏远了。不过，我的个人荣辱是后话了。

现在，我身在长安的雪夜，孤身对雪而坐，看急雪回风，脑海里尽是连日一再传来的朝廷军队溃退的消息，不觉悲从中来。

> 战哭多新鬼，愁吟独老翁。乱云低薄暮，急雪舞回风。瓢弃尊无绿，炉存火似红。数州消息断，愁坐正书空。（《对雪》）

至德元年（756）中秋，我独在长安。亲人相隔，中心哀悼，想起我的老妻。

> 今夜鄜州月，闺中只独看。遥怜小儿女，未解忆长安。香雾云鬟湿，清辉玉臂寒。何时倚虚幌，双照泪痕干。（《月夜》）

月圆之夜，自然怀人。此际的月华，必定萦绕着妻子的目光，远隔军垒，他们想必也挂念我吧。后世之人，讶异于我吝于书写儿女情长，他们哪里知晓，兵荒马乱的年代，感情是太过奢侈的东西。

我被迫在长安淹留，度日如年，终于到了至德二载（757）春天，这是怎样的春天！

> 国破山河在，城春草木深。感时花溅泪，恨别鸟惊心。烽火连三月，家书抵万金。白头搔更短，浑欲不胜簪。（《春望》）

这山河破碎的春城，盛开的每一朵都是眼泪，鸣叫的每一声都是惊魂。

我从未想过，四季里最明媚的春光竟如此令人难以忍受。信步走去，我来

到了曲江之滨。

目光所及，情难自已，这真是：

> 少陵野老吞声哭，春日潜行曲江曲。江头宫殿锁千门，细柳新蒲为谁绿。忆昔霓旌下南苑，苑中万物生颜色。昭阳殿里第一人，同辇随君侍君侧。辇前才人带弓箭，白马嚼啮黄金勒。翻身向天仰射云，一箭正坠双飞翼。明眸皓齿今何在，血污游魂归不得。清渭东流剑阁深，去住彼此无消息。人生有情泪沾臆，江水江花岂终极。黄昏胡骑尘满城，欲往城南忘南北。（《哀江头》）

往年此时，此地必定人头攒动，挤满了赏春的才子佳人、皇亲贵胄。而今日，水边宫殿千门紧锁，细柳新蒲无人探望。

昭阳殿里的明眸皓齿已成游魂一缕，御苑的轻盈翻射全化为泡影，唐王朝的盛景，瞬间已灰飞烟灭。

这孤寂的长安一年，这饥饿的拘禁岁月，我常与几位相知的僧俗友人往来，或趁食、或谈心，相濡以沫，得周济度日。

长安大云经寺，在京城朱雀街南，怀远坊之东南隅，本名光明寺。武后初幸此寺，沙门宣政进大云经，经中有女主之符，因改名焉，令天下诸州置大云经寺。住持僧赞公曾邀我留宿，提供饮食，馈赠履巾。这些来往，我都记在《大云寺赞公房》里。

> 心在水精域，衣沾春雨时。洞门尽徐步，深院果幽期。到扉开复闭，撞钟斋及兹。醍醐长发性，饮食过扶衰。把臂有多日，开怀无愧辞。黄鹂度结构，紫鸽下罘罳。愚意会所适，花边行自迟。汤休起我病，微笑索题诗。

> 细软青丝履，光明白氍巾。深藏供老宿，取用及吾身。自顾转无趣，

交情何尚新。道林才不世，惠远德过人。雨泻暮檐竹，风吹青井芹。天阴对图画，最觉润龙鳞。灯影照无睡，心清微妙香。夜深殿突兀，风动金银铛。

我曾徐步洞门，消磨过深院幽期，也曾在此，看雨泻暮檐竹，听风吹青井芹。此地的灯影曾照耀我的失眠，我的心也曾在此偶得清净，听闻妙音，竟而忘记了明朝沃野尘沙黄。

"艰难世事迫，隐遁佳期后"，"近公如白雪，执热烦何有"。九陌连灯影，千门照月华。

然而战火之中，深心悲愁，终不能真正消解。

困居长安，我的生活没有着落。于是我常常一早起身，挂着拐杖拖泥带水到熟人家里混口饭吃，常肯接待我的是苏端。苏端、薛复，一向文章有神交有道，与我交好。苏端总欢喜地接待我，每常叫儿子弄些梨枣等来招待，和我喝酒谈心。

我甚至曾在风雨之夜造访。

鸡鸣风雨交，久旱云亦好。杖藜入春泥，无食起我早。诸家忙所历，一饭迹便扫。苏侯得数过，欢喜每倾倒。也复可怜人，呼儿具梨枣。浊醪必在眼，尽醉摅怀抱。红稠屋角花，碧委墙隅草。亲宾纵谈谑，喧闹慰衰老。况蒙霈泽垂，粮粒或自保。妻孥隔军垒，拨弃不拟道。（《雨过苏端》）

风雨如晦，鸡鸣不已。即见君子，云胡不喜。

友情如酒。在这场如血的战雨里，我们毕竟曾经一同见过了红稠碧草。在满目悲凄里，看见了新的生命。但我终是想逃离长安了，"妻孥隔军垒，拨弃不拟道"，语似宽，心愈苦。我挂念着我的亲人。

至德二载（757）春，安禄山死了，杀死他的，是他的儿子安庆绪。

这时安禄山已经瞎了。因其宠爱幼子，二子安庆绪见安禄山对自己不加宠幸，心中怨愤。

安禄山有个宠臣，叫李猪儿。当初，李猪儿离开契丹部落，十几岁开始伺候安禄山，为人相当聪明。安禄山亲手阉了他，并倍加宠爱信任。安禄山肚子大，每次穿衣系带，需要三四个人帮忙，两个人抬起肚子，李猪儿用头顶住，才拿来裙裤腰带穿系上。当年唐玄宗宠信安禄山，赐其华清宫温泉洗澡，李猪儿等人都得进去帮他脱穿衣服。

而安庆绪令李猪儿以大刀研其父之腹，安禄山肠溃于床而死。禄山没有死在想要抢夺天下的帝王之手，而死在了至亲的怨怒中。

我进城出城是自由的，我想，或许有机会。四月中，我终于从金光门逃出，历经千辛万苦，回到凤翔，结束了这段惊变与陷贼的苦难历程。

逃离长安

四月的凤翔还很冷，很冷，对我而言，却是无比温暖的春天。我终于逃出被安史叛军占据的长安，一路辗转，投奔在凤翔的肃宗。

两旁槐树如风。我的长安，那种满金桃、马乳葡萄、菩提树的宫殿，那养满狮子、白象和五色鹦鹉的禁苑。那些杨柳春、上林花，青牛白马七香车，那些黄云白日里的锦绣与疮痍，就这样退去了，风一样地退去了。

当我踏上凤翔的土地，犹如站在生死之间，惊魂未定。此时此刻，樵人归欲尽，烟鸟栖初定，我怀抱生而为人的大喜大悲，四顾茫然。

残阳如血，残阳中的凤翔，有种劫后余生的惨淡和希望。

回想昨日，历历在目。出逃时，我拼命奔跑在山间小路上，仿佛身后有追兵，命悬一线。

我已又老又瘦，却不得不依树傍山，间道奔窜，狼狈如斯。

我想过，也许我会死，也许这路途便是我的大归之途，毕竟在这场大战中纷纷消陨的生命太多了。

在无数轰然出现的死亡跟前，我第一次深切感受到，生命一文不值。"死去凭谁报，归来始自怜"。

西忆岐阳信，无人递却回。眼穿当落日，心死著寒灰。雾树行相引，莲峰望忽开。所亲惊老瘦，辛苦贼中来。

愁思胡笳夕，凄凉汉苑春。生还今日事，间道暂时人。司隶章初睹，南阳气已新。喜心翻倒极，呜咽泪沾巾。

死去凭谁报，归来始自怜。犹瞻太白雪，喜遇武功天。影静千官里，心苏七校前。今朝汉社稷，新数中兴年。（《喜达行在所三首》）

这三首诗，记载了我当时悲欣交集的心情。

忽然遭时变，那是怎样的心情。旧日在长安近似俘虏的生活依然停留在我的呼吸里，虽然已经暂时脱离桎梏，但灵魂仍被绑缚。

我当然可以在长安继续潜行晦迹，等待王师归来，然而我不能等。我的血液沸腾，我的心志使我必归命朝廷，匡时报主。

我死去的心，如今欢腾着醒来了。我知道肃宗已经于二月从彭原进驻凤翔，可是久久没见到朝廷反攻，所以我决定去投奔他。

决心出逃之前，遇到了郑虔，我与郑虔是老友，他年长我二十余岁。天宝九载（750），我们曾一同游览何将军山林。

郑虔酷爱书画，草书如疾风送云，收霞推月。玄宗见其作品爱极，挥笔题写了"郑虔三绝"，且专门为他设置了一所供官宦子弟读书的"广文馆"，任他为广文馆博士，负责传授学问。

郑虔自幼家贫，买不起纸张。他得知城南慈恩寺中贮存了好几屋柿叶，便干脆搬到寺内居住，每天取柿叶当纸刻苦学书。日复一日，从不间断，竟将数屋柿叶写尽。

安禄山反叛之际，派遣张通儒劫持百官到东都，授予郑虔水部郎中。郑虔不肯受，谎称有病，将获令悄悄送至在灵武的皇帝。郑虔深陷贼中，直到安禄

山死，这才逃回京城。

我们一块儿去了郑虔侄子郑驸马府邸，他不在家，应该是逃出了长安。后来郑驸马果然得以保全姓名与人格，未受叛乱牵连，以后更终身富贵，到大历四年才去世。我与郑虔一起在驸马池台喝酒赋诗，这真是苦中作乐。

> 不谓生戎马，何知共酒杯。然脐郿坞败，握节汉臣回。白发千茎雪，丹心一寸灰。别离经死地，披写忽登台。重对秦箫发，俱过阮宅来。留连春夜舞，泪落强徘徊。（《郑驸马池台喜遇郑广文同饮》）

经此一役，彼此相见，"白发千茎雪，丹心一寸灰"，悲喜交加。

肃宗收复长安后，因郑虔在安史之乱中陷贼为官，不惜使郑虔以老弱残身，长途跋涉而远贬台州。如果我们能事先知道，此刻的我们想必连片刻的平静都无法拥有了。

将来，郑虔到台州，将发现其地阔海冥冥，荒僻之州，文风未开。而郑虔衣冠言行，不同时俗，竟被当地人目为奇特，"一州人怪郑若齐，郑若齐怪一州人"。

然后郑虔叹息孔子虽泽被天下，犹有阳春照不到阴崖，于是大兴文教，以地方官员身份首办官学，选民间优秀子弟教之。"大而冠婚丧祭之礼，少而升降揖逊之仪，莫不身帅之"。

一时郡城"弦诵之声不绝于耳"，自此民俗日淳，士风渐进焉。

未来郑虔不幸，然台州幸甚。但此际，他逃回京城，而我将逃去了。

我离开长安时，其时已经是春天，但从来没有一个春天，像那个春天那样令人恐惧。四月的长安，很冷。

胡骑蹂躏，苑中花木繁华之地，只剩凄凉。胡笳动兮边马鸣，越是春光照耀，越是凄凉万状。

四月南风，大麦金黄，枣化木落，桐叶方长。生机勃勃，多好的春天，然而整个长安城，110 座坊，黄尘滚滚，白骨处处，豺狼当道，原野厌人之肉，

川谷流人之血。

如今，我终于可以心安理得地待在凤翔，重新获得自由，一切却又那样不真实。

我心有余悸。

死去何所道，归来夜未央。

至于凤翔，啊凤翔。想当年，汉光武帝刘秀平定天下，一举结束了自新莽末年以来长达近二十年的军阀混战与割据局面，结束了长达二十年的暗无天日。

"司隶章睹，南阳气新。"当初刘秀的南阳，正如此刻的凤翔，从王莽篡政的逆境中恢复过来的汉王朝，大概也如眼前的凤翔。

今日生还，想到中兴有望，不禁喜极而泣。一直以来，我渴望着肃宗从凤翔而来。"眼穿当落日，心死著寒灰。"如今心怀希望，即使九死一生，呜咽伤心，也值得了。

我终于见到了心中如周宣王、汉武帝般的中兴之主肃宗，"瞻雪遇天，幸依行在。千官七校，亲睹朝班。新数中兴，从此治安"。

岐、梁二山，在凤翔境内。肃宗陈兵岐梁，长驱山河，朝至暮捷。肃宗在凤翔，两京未恢复，此时此刻，"川谷血横流，豺狼沸相噬。天地无期竟，民生甚局促"。

所幸的是，"南伯从事贤，君行立谈际。坐知七曜历，手画三军势。冰雪净聪明，雷霆走精锐"。南伯是汉中王瑀。至德元年（756）七月，玄宗以陇西公瑀为汉中王、山南西道采访防御使。王瑀于战斗方略、山川形势，画地成图，无所亡失，刘牢之为参军，领精锐为前锋。正当艰难时，朝廷倚侍御以为重，确为长久之计。

但时局始终不稳。那天，我送樊二十三侍御赴汉中任。"回风吹独树，白日照执袂"，我们就要分别了。苍烟暮凝，山门夕闭，我借送别祖露内心隐忧。

威弧不能弦，自尔无宁岁。川谷血横流，豺狼沸相噬。天子从北来，

长驱振凋敝。顿兵岐梁下，却跨沙漠裔。二京陷未收，四极我得制。萧索汉水清，缅通淮湖税。使者纷星散，王纲尚疏缀。南伯从事贤，君行立谈际。生知七曜历，手画三军势。冰雪净聪明，雷霆走精锐。幕府辍谏官，朝廷无此例。至尊方旰食，仗尔布嘉惠。补阙暮征入，柱史晨征憩。正当艰难时，实藉长久计。回风吹独树，白日照执袂。恸哭苍烟根，山门万重闭。居人莽牢落，游子方迢递。徘徊悲生离，局促老一世。陶唐歌遗民，后汉更列帝。我无匡复姿，聊欲从此逝。（《送樊二十三侍御赴汉中判官》）

五月，肃宗授予我左拾遗。左拾遗属于门下省，从八品上，掌管供奉讽谏、大事廷议、小则上封事，常在皇帝左右，品级不高，却很清要。

我至今仍记得肃宗对我的嘉奖。那天在朝堂上，圣上对我温言以对："尔之才德，朕深知之。"我记得那时，像有一阵久违的阳光穿透了我的心。皇帝这样信任，所以我根本没想过立刻回到羌村，尽管那里有我的妻儿老小，尚生死未卜。

许国，忧家，我选择了在忧家中许国。直到秋天，我终于收到了家书，万幸一切平安。

去凭游客寄，来为附家书。今日知消息，他乡且旧居。熊儿幸无恙，骥子定怜渠。临老羁孤极，伤时会合疏。二毛趋帐殿，一命侍鸾舆。北阙妖氛满，西郊白露初。凉风新过雁，秋雨欲生鱼。农事空山里，眷言终荷锄。（《得家书》）

所以即便"临老羁孤极，伤时会合疏"，在漫天妖氛里，我仍然闻到了白露的清新，看到了风中大雁的自在，和秋雨中欢悦的鱼。

不过好景不长，半个月之后，我便惹怒了肃宗，因为房琯。

"房琯事"，是肃宗时期政坛的大震动，众多的前朝遗臣被牵涉其中，包

括人微言轻的我。事情的起因是是房琯的琴师董庭兰被人弹劾收受贿赂，但真正撬动肃宗信任的人，是贺兰进明。

肃宗下令贬去房琯的宰相之职，我上书皇帝，我说"罪细，不宜免大臣"。肃宗不开心，当时便要我"抵罪"，幸亏宰相张镐进言，说身为谏官的我如果抵罪，则会绝了直言者的言路。

皇帝这才饶恕了我。

官军尚在长安西北的扶风，寇势侵逼如此，现在的朝廷却不太清明。淑妃张良娣很会讨肃宗欢喜，正是她与李辅国勾结起来，罢了房琯的相位，这让我感到很愤怒。

白发生鬓，所虑日深。那个晚上，望着天上月影出迟迟，我写了《月》：

> 天上秋期近，人间月影清。入河蟾不没，捣药兔长生。只益丹心苦，能添白发明。干戈知满地，休照国西营。

月光之下，我新添的白发愈发明亮，仿佛照见了我内心的忧虑。天运初回，新君登极，原本将有太平之望，然而嬖幸已为荧惑，贵妃方败，复有良娣，入河而蟾不没也。国忠既亡，又有辅国，捣药之兔长生也。

清平难见啊。

就这样，我为房琯求情惹怒了肃宗，又是宰相张镐为我求情，才免去了责罚，但肃宗自此便疏远了我。难以逆料，我的政治生涯刚刚开始，便从此渐渐走向终结。

君臣彼此尴尬，于是至德二载（757）八月底，皇帝放还我鄜州省家。

那天，中书舍人贾至、给事中严武与两院拾遗、补阙裴荐、韦少游、孟昌浩、岑参诸公与我饯别。

> 田园须暂往，戎马惜离群。去远留诗别，愁多任酒醺。一秋常苦雨，

今日始无云。山路晴吹角，那堪处处闻。（《留别贾严二阁老两院补阙
（得云字）》）

去远留别，愁多任醺。

两年前我离开长安，如今我又要离开凤翔了。

我的人生，便是时时奔赴，处处离别。

第四章　难遇易沉

杜甫的中年，进退失据。

是空间上的朝野交替。从凤翔到羌村，从羌村到长安。羌村的鸟雀群鸡，声声鸣唱着杜甫致君尧舜的不悔忠心。长安的漏声春色，点点记载着杜甫担忧黎元的拳拳深情。

是时间上的悲喜交集。郑虔被贬，贾至遭逐，他无能为力。李俶香积寺斩贼，郭子仪邺城败北，他爱莫能助。饮不尽曲江的酒，他是东都光复后一度安乐的臣子。晒不死华州的蚊子，他是朝廷扰攘里束发冠带的参军。

是天地间的力不从心。陆浑庄的落日抚慰不了兄弟离散的惆怅，杜甫挂念着他的手足，挂念着苍生百姓。李嗣业的奇兵有望拯救支离破碎的中原，杜甫祈祷着他的雄师，祈祷着海晏河清。

是来去里的鞭长莫及，安禄山失明擦不亮肃宗宠信奸佞的双眼，他恨兵革未息，宫斗不止。两京收复，荡不平回纥觊觎大唐的贪心，他忧前乱未尽，后患无穷。

满目尽疮痍，富贵如浮云。从此杜甫奔出金光门，远离朝堂的狭小天地，踏入悲声震天的乡野山村。在新安吏冷酷的吆喝声里，在石壕吏无情的绳索下，在潼关吏自负的天真里，痛哭陈陶染血、青坂殷殷。于是杜甫放下了鱼袋，提起了笔，写金戈铁马中新婚别的不舍与大义，垂老别的苍凉与黯然，无家别的无言与悲鸣，呼唤壮士挽狂澜，洗净甲兵。

人到中年，生逢乱世，杜子美报国无门，书不尽言，言不尽意。

回到羌村

　　皇帝二载秋，闰八月初吉。杜子将北征，苍茫问家室。维时遭艰虞，朝野少暇日。顾惭恩私被，诏许归蓬荜。拜辞诣阙下，怵惕久未出。虽乏谏诤姿，恐君有遗失。君诚中兴主，经纬固密勿。东胡反未已，臣甫愤所切。挥涕恋行在，道途犹恍惚。乾坤含疮痍，忧虞何时毕。靡靡逾阡陌，人烟眇萧瑟。所遇多被伤，呻吟更流血。回首凤翔县，旌旗晚明灭。前登寒山重，屡得饮马窟。邠郊入地底，泾水中荡潏。猛虎立我前，苍崖吼时裂。菊垂今秋花，石戴古车辙。青云动高兴，幽事亦可悦。山果多琐细，罗生杂橡栗。或红如丹砂，或黑如点漆。雨露之所濡，甘苦齐结实。缅思桃源内，益叹身世拙。坡陀望鄜畤，岩谷互出没。我行已水滨，我仆犹木末。鸱鸮鸣黄桑，野鼠拱乱穴。夜深经战场，寒月照白骨。潼关百万师，往者散何卒。遂令半秦民，残害为异物。况我堕胡尘，及归尽华发。经年至茅屋，妻子衣百结。恸哭松声回，悲泉共幽咽。平生所娇儿，颜色白胜雪。见耶背面啼，垢腻脚不袜。床前两小女，补绽才过膝。海图坼波涛，旧绣移曲折。天吴及紫凤，颠倒在裋褐。老夫情怀恶，呕泄卧数日。那无囊中帛，救汝寒凛栗。粉黛亦解苞，衾裯稍罗列。瘦妻面复光，痴女头自栉。学母无不为，晓妆随手抹。移时施朱铅，狼藉画眉阔。生还对童稚，

099

似欲忘饥渴。问事竞挽须，谁能即嗔喝。翻思在贼愁，甘受杂乱聒。新归且慰意，生理焉能说。至尊尚蒙尘，几日休练卒。仰观天色改，坐觉妖气豁。阴风西北来，惨澹随回纥。其王愿助顺，其俗善驰突。送兵五千人，驱马一万匹。此辈少为贵，四方服勇决。所用皆鹰腾，破敌过箭疾。圣心颇虚伫，时议气欲夺。伊洛指掌收，西京不足拔。官军请深入，蓄锐可俱发。此举开青徐，旋瞻略恒碣。昊天积霜露，正气有肃杀。祸转亡胡岁，势成擒胡月。胡命其能久，皇纲未宜绝。忆昨狼狈初，事与古先别。奸臣竟菹醢，同恶随荡析。不闻夏殷衰，中自诛褒妲。周汉获再兴，宣光果明哲。桓桓陈将军，仗钺奋忠烈。微尔人尽非，于今国犹活。凄凉大同殿，寂寞白兽闼。都人望翠华，佳气向金阙。园陵固有神，扫洒数不阙。煌煌太宗业，树立甚宏达。（《北征》）

至德二载（757）闰八月，皇帝答应我回家省亲，但我竟然高兴不起来。我是凡人，当然想念被战火分隔的妻子和孩子，但我是朝臣，我更舍不得我的君王。

只是我的君王已经舍弃我了。

自从房琯事后，肃宗明显地疏远我了。那天，秋风刚起，秋阳从殿外淡淡地照进来。我垂着头，盯着肃宗的影子，一步步从朝堂退下，渐行渐远，森然魄动，悲从中来，而我无能为力。

我终于踏上的回家路，是一趟往北的征程。班彪曾作《北征赋》。他说："余遭世之颠覆兮，罹填塞之阨灾。旧室灭以丘墟兮，曾不得乎少留。遂奋袂以北征兮，超绝迹而远游。"他的颠覆，一如我的颠覆。

我的北征，在精神上，一如班彪的北征，也是我对王朝自"安史之乱"以来，从南到北的现实与历史的回顾。

我是在闰八月初一日那天傍晚离开凤翔的。我永远忘不了，从朝堂拜辞的路，我走了好久好久，仿佛永远走不出那宫阙，更永远不想走出。我也忘不了，在空旷迷茫的天色下，回头看见凤翔城头旗帜飘舞，在暗淡暮色中忽隐忽现。其实我深知，我将永远地离开了。

永远，圣人如花隔云端。

走出凤翔，风吹到我脸上湿乎乎的，我已老泪纵横。

我心不在焉、下意识地往前走，神志恍惚。我慢慢穿过萧条的田间，遇见许多受伤的人们，伤口还流着血。他们的呻吟声像一只只虫子，向我的耳畔蜂拥而至。

我仿佛失了心，迟钝而持续向前走着。登上一道道寒山，趟过一处处水洼，不在乎邠州郊外泾水汹涌。甚至当猛虎蹲立在我眼前，那令人恐惧的吼啸声，震动了山谷，震动了苍崖，却无法震动我那颗苍茫的老心。

大道如青天，我独不得出。

我走着走着，却又走进了世外桃源。秋菊满山，石道上车辙宛在，天上飘荡着朵朵青云。

到处是混杂生长的橡树和山栗，红的像朱砂，黑的似漆。"坐看红树不知远，行尽青溪不见人"，这美丽的景色唤醒了我，但我的心仍然留在尘世里，留在平叛的刀光剑影里。

鸱鸟叫了起来，野鼠纷乱，夜深了。我走着走着，走过了残骸遍地的战场，寒冷的月光映照着森森白骨。这些白骨，记载着潼关百万大军的仓促溃败，记载着秦中百姓的离乱痛苦，也记载着我的困陷胡尘、白发生鬓。

我这次回归的路线是从凤翔到麟游，经邠州、宜君、三川，到鄜州，大约有六百六十五里。

漫长的路途，我没有马。

凤翔没有多余的马。"千官且饱饭，衣马不复能轻肥"，军事倥偬，尽括公私马以助军。想当初，我是麻衣布鞋、有青袍而无朝服，就那样蓬头垢面朝见天子的。当初君臣相得，如今，都远了。

路途迢迢，我只能硬着头皮借马，我问李嗣业将军借马。

李嗣业将军是"神通大将"，身高七尺，力大超群，擅用刀，每逢出战必身先士卒，所向披靡。他曾随四镇节度副使高仙芝击败小勃律国，又随高仙芝

讨平石国，击败吐蕃军队。

在这场战乱里，他跟随广平王李豫收复长安，跟随郭子仪收复洛阳，与张镐等收复河南、河东两道郡县。因他的卓著功勋，最终击败叛军。

此时他守邠州。

李将军果然将马借给了我，我于是一路前行，这日便到达麟游县西五里的九成宫。

九成宫本隋仁寿宫，贞观间修之以避暑，因更名焉。宫周垣千八百步，并置禁苑及府库官寺等，太宗、高宗都曾到此临幸。我在宫里宫外徘徊眺望。

苍山入百里，崖断如杵臼。曾宫凭风回，岌業土囊口。立神扶栋梁，凿翠开户牖。其阳产灵芝，其阴宿牛斗。纷披长松倒，揭孽怪石走。哀猿啼一声，客泪迸林薮。荒哉隋家帝，制此今颓朽。向使国不亡，焉为巨唐有。虽无新增修，尚置官居守。巡非瑶水远，迹是雕墙后。我行属时危，仰望嗟叹久。天王狩太白，驻马更搔首。（《九成宫》）

九成宫极有皇家气质。"冠山抗殿，绝壑为池，跨水架楹，分岩耸阙。"高阁长廊，栋宇台榭，无不壮美。仰视则迢递百寻，下临则峥嵘千仞。珠璧交映，金碧相辉。

但九成宫真的太奢靡了，如今业已古迹苍凉，但听猿啼，客则泪迸。

隋文帝荒唐，当初修建的仁寿宫如今已经坍塌了。若隋不亡国，怎会为大唐所有，变成九成宫呢？我久久望着历经沧桑的九成宫，想到当今进驻凤翔的新君，感慨万千。"巡非瑶水远，迹是雕墙后""居高思坠，持满戒盈"的谏诤，犹在耳边，不知几人能听见？

离开麟游，又走了几天，我便到了宜君。我顺道去了北七里凤凰谷的玉华宫。玉华宫是贞观十七年（643），也即太宗离世前三年特为养病建造的离宫。当时宫殿备设太子宫、百司，苞山络野。宫距今百余年。

玉华宫前有清澈溪流，正殿覆瓦，余皆葺茅，当年清凉胜于九成宫。后久

废为寺，据说玄奘曾经在此译经。此刻自然也境地荒凉，唯余松风苍鼠，鬼火哀湍。正是：

> 溪回松风长，苍鼠窜古瓦。不知何王殿，遗构绝壁下。阴房鬼火青，坏道哀湍泻。万籁真笙竽，秋色正萧洒。美人为黄土，况乃粉黛假。当时侍金舆，故物独石马。忧来藉草坐，浩歌泪盈把。冉冉征途间，谁是长年者。（《玉华宫》）

冉冉征途间，谁能长年驻世？我不能长年驻世，却长年颠沛于世。

从宜君去鄜州，我有时连夜赶路，途中写了两首五律，其中一首如下：

> 三川不可到，归路晚山稠。落雁浮寒水，饥乌集成楼。市朝今日异，丧乱几时休。远愧梁江总，还家尚黑头。（《晚行口号》）

落雁饥乌，身逢乱世，连鸟儿都很沮丧。或许因为心情沮丧，我见到的都是颓丧的景象。

梁太清三年（549），台城陷，江总年三十一。自此流离于外十四五年，至陈天嘉四年（563）还朝，年四十五，所谓"还家尚黑头"也。我与江总年岁相仿，然而我已经白头了。

有时倦了，又自问并无颜延之旁若无人、独酌郊野的豪情，我会住店，买些酒喝。

> 灯花何太喜，酒绿正相亲。醉里从为客，诗成觉有神。兵戈犹在眼，儒术岂谋身。共被微官缚，低头愧野人。（《独酌成诗》）

然而兵戈在眼，酒入愁肠，更增烦恼。

生离一年之后，我回到了鄜州，一路奔波辗转，见到久违的亲人，聊以

《羌村三首》表达我的心情。

> 峥嵘赤云西，日脚下平地。柴门鸟雀噪，归客千里至。妻孥怪我在，惊定还拭泪。世乱遭飘荡，生还偶然遂。邻人满墙头，感叹亦歔欷。夜阑更秉烛，相对如梦寐。

> 晚岁迫偷生，还家少欢趣。娇儿不离膝，畏我复却去。忆昔好追凉，故绕池边树。萧萧北风劲，抚事煎百虑。赖知禾黍收，已觉糟床注。如今足斟酌，且用慰迟暮。

> 群鸡正乱叫，客至鸡斗争。驱鸡上树木，始闻叩柴荆。父老四五人，问我久远行。手中各有携，倾榼浊复清。苦辞酒味薄，黍地无人耕。兵革既未息，儿童尽东征。请为父老歌，艰难愧深情。歌罢仰天叹，四座泪纵横。

白头拾遗徒步归。我终于见到了我的儿，我的妻，那是怎样的妻儿。百结的衣，比雪还苍白的脸，污垢积满全身，光着双脚，衣不蔽体。相见的一刻，松林里回荡着痛哭，跌入泉流的呜咽。

没有人相信我还活着，我也不相信。我不相信，身陷叛军数月，没有死。我不相信，脱离叛军亡归，没有死。我不相信，疏救房琯触怒肃宗，没有死。我不相信，孤身返家，历尽风霜疾病、盗贼虎豹，没有死。

但我真的没有死。

这重逢的眼泪，是不相信，是太惊喜的相信。而这真像是梦境，即便墙头爬满好心探望的邻居，即便与妻子深夜秉烛相对。

无数日奔波之后，我终于在茅屋躺下了。那是怎样的茅屋，撕裂的幛子，穿堂的风，我周身无力、上吐下泻。

我的人回来了，但我一无所有，并没有财帛救他们于寒颤悲苦，只带回一

个衰弱悲伤的我。

无所事事的早上，我慢慢睁开了眼睛，流光飞舞。妻子正打开包裹取出粉黛，她是羸弱的，但脸上泛出了光采。小女孩儿正在母亲身旁，手忙脚乱地学母亲涂抹着胭脂，对着镜子里被画得乱七八糟的自己傻笑。

儿子见我醒了，跑过来扯我的胡须，小家伙力气还真大。他总是缠着我，不肯离去，好像害怕我会再一次离去。我斜倚在床上，想着愁苦的过去和此刻。我深知，这些吵闹、这些苦中作乐，是珍贵的。

我常常想起肃宗，如今，朝廷正在借助回纥怀仁可汗收复城池。五千名回纥战士，一万匹回纥战马，兵马像飞鹰。

想来，伊水洛水一带很快就可以收回，长安不日即可收复，全面反攻可以打开青州和徐州，很快也可望收复恒山和碣石山。朝野所向，人心所向，命运所向，这霜多露重的秋天，必定将是亡胡之年。但这些，都没有我的功绩。"凄凉大同殿，寂寞白兽闼。"我只能与长安百姓一样，翘首以待皇帜重临。

我愿在鸡鸣狗吠中哭。

我愿在父老送来清酒浊酒的深情中哭。

我愿长歌当哭。

重返长安

在鄜州羌村，我密切关注着战局。

至德二载（757）九月，广平王李俶为天下兵马元帅，率朔方等军，与回纥、西域之众十五万人，号称二十万，自凤翔出发，至长安西，列阵于香积寺北沣水之东，即将与叛军决战。

我闻讯极其兴奋，喜不自胜。

> 胡虏潜京县，官军拥贼壕。鼎鱼犹假息，穴蚁欲何逃。帐殿罗玄冕，辕门照白袍。秦山当警跸，汉苑入旌旄。路失羊肠险，云横雉尾高。五原空壁垒，八水散风涛。今日看天意，游魂贷尔曹。乞降那更得，尚诈莫徒劳。元帅归龙种，司空握豹韬。前军苏武节，左将吕虔刀。兵气回飞鸟，威声没巨鳌。戈铤开雪色，弓矢向秋毫。天步艰方尽，时和运更遭。谁云遗毒螫，已是沃腥臊。睿想丹墀近，神行羽卫牢。花门腾绝漠，拓羯渡临洮。此辈感恩至，羸俘何足操。锋先衣染血，骑突剑吹毛。喜觉都城动，悲怜子女号。家家卖钗钏，只待献春醪。（《喜闻官军已临贼境二十韵》）

我相信胜利即将到来。果然，贼大败，斩首六万。贼帅张通儒弃京城，走陕郡。不几日，官兵收复京师长安。十月，收复洛阳。

肃宗随即自凤翔还京。十一月，我携家重返长安，仍任左拾遗。十二月，玄宗自蜀还京。

还未到京城，我便听到了郑虔遭贬的消息。肃宗将他贬为台州司户参军，台州荒僻，但告别，他没有等到我。

我和郑虔是"忘形到尔汝"的好友，他的被贬，使我想起庄子讲的那两个故事。

《庄子·逍遥游》里说："吾有大树，人谓之樗，其大本拥肿而不中绳墨，其小枝卷曲而不中规矩。立之途，匠者不顾。"惠子对庄子说的这棵大树，人们都叫它"樗"。它的树干上全是疙瘩，完全不符合绳墨取直的要求，它的树枝更是弯弯扭扭，也不适应圆规和角尺取材的需要。虽然生长在道路旁，木匠连看也不看。

同样，《庄子·人间世》也记载了一棵没用的树。一个叫"石"的匠人去齐国，来到曲辕，看见一棵被世人当作神社的栎树。栎树树冠极大，可以遮蔽数千头牛，又极粗，足有十丈粗，树梢高临山巅，离地面八十尺处方才分枝，用它来造船可造十余艘，于是观者如市。

但这位匠人却不屑一顾。他的徒弟问："自我拿起刀斧跟随先生，从不曾见过这样壮美的树木。可您却不肯看一眼？"匠人说："已矣，勿言之矣！散木也。"在匠人眼里，这是一棵无用之树，做船会沉没，做棺椁会速朽，做器皿会很快毁坏，做屋门会流脂而不合缝，做屋柱会被虫蛀，这是不能取材的树。

在我心里，郑虔不过是"樗栎"那样的"无用之材"罢了。

郑公樗散鬓成丝，酒后常称老画师。万里伤心严谴日，百年垂死中兴时。苍惶已就长途往，邂逅无端出饯迟。便与先生成永诀，九重泉路尽交期。（《送郑十八虔贬台州司户，伤其临老陷贼之故，阙为面别，情见于诗》）

一直以来，郑虔既无非分之想，又无犯"罪"行为，不可能是危险人物。并且他已经"鬓成丝"，又能有何作为？

便是郑虔自己，最多只是酒后自称"老画师"而已，何至于遭到"严谴"？更何况当此两京收复，大唐"中兴"之际。

我深深叹息。

肃宗是玄宗第三子。两岁封陕王，五岁拜安西大都护、河西四镇诸藩落大使。十七岁封忠王。二十八岁立太子，即位时四十六岁。

他一贯仁孝谨静，是谨小慎微、拘泥礼节，又有心机、城府很深的人。但他的眼光似乎并不长远，看个人和眼前实际利益者多，高瞻远瞩、深谋远虑者少。至于从全局出发，似乎也并不擅长，处理国家大事未免太过计较细枝末节。

他重用的人是李辅国。李辅国这人，算本朝第一个当上宰相的宦官，本名静忠。他长相奇丑无比，是个中年富贵人物，大概也是我朝最丑陋的宰相。因为劝说太子李亨继承帝位，肃宗即位后便加封他为元帅府行军司马，开始掌握兵权，并改名为辅国。之后又阻止张皇后废唐肃宗所立太子李豫、改立越王李系之欲，保护了太子李豫即位，被册封为司空兼中书令。

此人嚣张跋扈，后为代宗所杀，追赠太傅，谥号为丑。

肃宗信任李辅国，中兴不成，政局日益混乱，后来他跟玄宗关系也渐渐不好。宝应元年（762），玄宗和肃宗先后死去，相隔十三天。

这都是后话。

乾元元年（758），收复两京后的第二年。一个春天的早晨，中书舍人贾至去大明宫上朝，见一派升平气象，感到很兴奋，就写了首《早朝大明宫呈两省僚友》，王维、岑参和我都有和章。

贾至这个人，以文典雅华赡著称，其父贾曾官至太子舍人和礼部侍郎。父子两人都曾为朝廷执掌文笔，玄宗受命册文为贾曾所撰，而传位册文则是贾至手笔，玄宗赞叹"两朝盛典出卿家父子手，可谓继美"。

安史乱初起，他曾随玄宗奔四川，拜为起居舍人，中书舍人。将军王去荣因擅杀县令，依法当斩，但肃宗惜其才，下诏免其死罪。贾至谏之，反对赦免王去荣，后被贬为岳州司马。最后复为中书舍人，官终散骑常侍。

说实话，当时在朝中贾至文名很盛，我却不太喜欢他的诗句。倒是他后来被贬岳州后，写的《初至巴陵与李十二白裴九同泛洞庭湖三首》，一洗华美为清丽。如其"江上相逢皆旧游，湘山永望不堪愁。明月秋风洞庭水，孤鸿落叶一扁舟"，又如"轻舟落日兴不尽，三湘五湖意何长"，老辣淡定，深含忧患。

回到那个上朝的清晨，他是这样写的：

银烛朝天紫陌长，禁城春色晓苍苍。千条弱柳垂青琐，百啭流莺绕建章。剑佩声随玉墀步，衣冠身惹御炉香。共沐恩波凤池上，朝朝染翰侍君王。（《早朝大明宫》）

我则是这样写的：

五夜漏声催晓箭，九重春色醉仙桃。旌旗日暖龙蛇动，宫殿风微燕雀高。朝罢香烟携满袖，诗成珠玉在挥毫。欲知世掌丝纶美，池上于今有凤毛。（《和贾舍人早朝》）

那的确是朝臣最美好的一天。五更的刻漏箭催促着拂晓的到来，皇宫春意盎然，桃花如醉。龙蛇旌旗在暖阳下飘扬，宫殿四周微风习习，燕雀高翔。早朝结束，朝臣们各个双袖携满御炉的香烟，满怀抱负奔向四面八方。

伟丽如斯。然而，这伟丽，正值两京初复，战乱远未结束之际，朝臣与皇上确乎不太应该有此兴致。

至德二载（757）腊八，大气和暖，草木微露生意。晚上，我自北门入于内殿，接受皇帝召见赐食，赏赐我的腊脂盛在碧镂牙筒里，可以御寒。

大寒之后，必有阳春。大乱之后，必有至治。腊日而暖，此寒极而春，乱极将治之象，我于是喜而赋焉。

腊日常年暖尚遥，今年腊日冻全消。侵陵雪色还萱草，漏泄春光有柳条。纵酒欲谋良夜醉，还家初散紫宸朝。口脂面药随恩泽，翠管银罂下九霄。（《腊日》）

常年腊月半，已觉梅花阑。不信今春晚，俱来雪里看。这算是我艰苦人生中，极其短暂的喘息吧。

我还写了几首记录身在朝堂之时境况的诗歌。

天门日射黄金榜，春殿晴熏赤羽旗。宫草微微承委佩，炉烟细细驻游丝。云近蓬莱常五色，雪残鸂鶒亦多时。侍臣缓步归青琐，退食从容出每迟。（《宣政殿退朝晚出左掖》）

我每天公干的地方在宣政殿，宣政殿在含元殿后。宣政门内，殿东有东上阁门，殿西有西上阁门。东上阁门为门下省，西上阁门为中书省，我日日便从左掖进出。

我至今记得宣政殿上的时光。白昼之时，那殿外日光射榜，殿前晴气熏旗，殿下草承委佩，殿中烟驻游丝，远远望去，云绕雪残。到了夜晚，因正当春，殿廷花柳次第，每逢退朝，朝臣们从花底分散，各归院舍，至柳边而遮没，楼在城上，殿高逼云。待一日之功尽，时值鸡栖。

昼刻传呼浅，春旗簇仗齐。退朝花底散，归院柳边迷。楼雪融城湿，宫云去殿低。避人焚谏草，骑马欲鸡栖。（《晚出左掖》）

其实，用不了多久，我就要被皇上打发走了。

但那时，身为拾遗的我，掌供奉讽谏，小则廷诤，大则上封事，往往因为

次日要进谏兴奋得睡不着觉。

> 花隐掖垣暮，啾啾栖鸟过。星临万户动，月傍九霄多。不寝听金钥，因风想玉珂。明朝有封事，数问夜如何。（《春宿左省》）

那些夜晚，花枝掩隐在宫殿墙垣之中，投林栖息的鸟儿，啾啾鸣叫着飞过。天上群星闪耀，地上皇宫千门万户闪动，极其壮观。

皓月当空，高耸的宫殿愈显明亮。我因为夜值，无法入睡，时常侧耳倾听宫门的响动。

风吹檐铃声起，我便联想起百官清晨上朝的不息马铃声。

记挂着明天上朝有奏本上呈，我夜不能寐，坐而待旦，一次次询问天亮了没有。

夜如何其？夜未央。

何以如此尽职？我年四十六始拜拾遗，时已晚矣，未尽言责，徒违素心耳。担忧职无补而身有愧，乃题于院壁以自警。

> 掖垣竹埤梧十寻，洞门对雷常阴阴。落花游丝白日静，鸣鸠乳燕青春深。腐儒衰晚谬通籍，退食迟回违寸心。衮职曾无一字补，许身愧比双南金。（《题省中院壁》）

但很快，我又将回到并不理想的现实中。收复两京的欣喜已渐冷却，一种道不明的忧愁袭上心头。我写下《收京二首》：

> 仙仗离丹极，妖星照玉除。须为下殿走，不可好楼居。暂屈汾阳驾，聊飞燕将书。依然七庙略，更与万方初。

> 生意甘衰白，天涯正寂寥。忽闻哀痛诏，又下圣明朝。羽翼怀商老，

文思忆帝尧。叨逢罪己日，沾洒望青霄。

汗马收宫阙，春城铲贼壕。赏应歌杕杜，归及荐樱桃。杂虏横戈数，功臣甲第高。万方频送喜，无乃圣躬劳。

寂寥灰心尽，摧残生意余，但我始终担心回纥、吐蕃以兵相助的后患。

如今距离收京已经两个月余，闻讯惊喜之情已过，而忧国伤时之念方殷。

我的担心并非多余。

乾元元年（758）春天，中书舍人贾至贬为汝州刺史。今天的朝廷，俨然有了新旧两党，随从玄宗的朝官和随从肃宗的朝官间，暗流涌动。

皇后张良娣、宰相李辅国是一派，贾至、严武和我，被肃宗目为房琯一党。他们是新贵，我们是旧臣，新贵不容旧臣。

肃宗心思重，喜怒无常，阴晴不定，谁也不知道他今天会站在哪一边。新贵蠢蠢欲动，旧臣战战兢兢，矛盾逐渐激化。

故我的居官生活，并不那么惬意，甚至颇为憋屈。身为谏官，意见却常常不被采纳。从贾至开始，我意识到，真正的放逐要开始了。

送别贾至那天，天高云淡，我心里却压着沉沉乌云。

> 西掖梧桐树，空留一院阴。艰难归故里，去住损春心。宫殿青门隔，云山紫逻深。人生五马贵，莫受二毛侵。（《送贾阁老出汝州》）

目极千里兮，云山万重兮。从此，这宫门里的梧桐树，只能在孤单的树荫里默默怀念这位善写册文的天子近臣了。

那一天，春天最早的花，辛夷花开了。独自喝酒易醉，我想邀毕曜一起

喝。这位毕曜，后来和裴升、毛若虚、敬羽同为监察御史，竟一般酷毒，有毛、敬羽、裴、毕之称。而当时，他不过跟我一般，家贫官卑，凡人而已。

我没有马，便邀请他前来。毕曜跟我年岁相仿，我们都已不年轻。到喝酒那天，新开的辛夷花又落了。

> 逼仄何逼仄，我居巷南子巷北。可恨邻里间，十日不一见颜色。自从官马送还官，行路难行涩如棘。我贫无乘非无足，昔者相过今不得。实不是爱微躯，又非关足无力。徒步翻愁官长怒，此心炯炯君应识。晓来急雨春风颠，睡美不闻钟鼓传。东家蹇驴许借我，泥滑不敢骑朝天。已令请急会通籍，男儿性命绝可怜。焉能终日心拳拳，忆君诵诗神凛然。辛夷始花亦已落，况我与子非壮年。街头酒价常苦贵，方外酒徒稀醉眠。速宜相就饮一斗，恰有三百青铜钱。（《逼仄行，赠毕曜》）

我不曾料到，到了下个朝代，我这首诗成了一个证明。据说我所不能到达的若干年后，宋真宗问近臣，唐酒价几何？

一个叫丁谓的宰相回奏曰："每斗三百文。"宋真宗问他何以知之，丁谓就引了我这首诗最后两句："速宜相就饮一斗，恰有三百青铜钱。"

失意之中，我得到了弟弟的消息，总算于不安中有一丝安慰。《续齐谐记》里曾经记载田氏三兄弟的故事。三人欲分财，是夜庭前一株长有三条枝干的紫荆树顿时干枯。兄弟见之叹息，重归于好，树随之恢复荣茂。

我和我的兄弟们，从来都是一株欣欣向荣的紫荆树，只是让我们飘零的，并非私欲，而是乱世。我只能将思念与烦忧写进诗里。

> 风吹紫荆树，色与春庭暮。花落辞故枝，风回返无处。骨肉恩书重，漂泊难相遇。犹有泪成河，经天复东注。

> 乱后谁归得，他乡胜故乡。直为心厄苦，久念与存亡。汝书犹在壁，

汝妻已辞房。旧犬知愁恨，垂头傍我床。（《得舍弟消息二首》）

连天烽火里，何处是他乡？
何处是故乡？

转眼到了乾元元年（758）暮春，暮春总是令人伤感。

闲来，我常常去城南的曲江游荡。那里池水澄明，花卉环列。南有紫云楼、芙蓉苑，西有杏园、慈恩寺。但在我这愁苦人的眼里，这才是曲江的模样：

一片花飞减却春，风飘万点正愁人。且看欲尽花经眼，莫厌伤多酒入唇。江上小堂巢翡翠，苑边高冢卧麒麟。细推物理须行乐，何用浮名绊此身。

朝回日日典春衣，每日江头尽醉归。酒债寻常行处有，人生七十古来稀。穿花蛱蝶深深见，点水蜻蜓款款飞。传语风光共流转，暂时相赏莫相违。（《曲江二首》）

风飘万点，一叶知秋，当第一片花瓣落下时，往往令人惊觉春色已减。如今风来，成千上万的花瓣飘落，怎不令人愁闷而徒唤奈何？

且看将尽的落花从眼前飞过，我一再地倾杯。只见翡翠鸟在曲江楼堂上作巢，从前雄踞的石麒麟如今倒卧在地。堂空无主，任飞鸟之栖巢。家废不修，致石麟之僵卧。人事兴衰，世道无常，正应及时行乐，何必让浮华束缚自我？

于是我每每上朝回来，总将春服典当换酒。我带着酒意，在曲江边上彷徨，满怀忧伤听春天消逝的消息。看一会儿蝴蝶在花丛深处穿梭，再看片刻蜻蜓点水，沉饮聊自遣，不醉无归。

有时会遇着下雨，春天的雨，微小而细密，没有强烈的痛苦，只有无法伸

115

张的抑郁不平。

> 城上春云覆苑墙，江亭晚色静年芳。林花著雨燕脂落，水荇牵风翠带长。龙武新军深驻辇，芙蓉别殿谩焚香。何时诏此金钱会，暂醉佳人锦瑟旁。（《曲江对雨》）

林花著雨，苑中车马阒然。水荇牵风，江上彩舟绝迹。我的心荒凉，眼中雨景也如此荒凉，我的长安新经丧乱，更是一片凄凉。

我的内心是丧乱的，龙武军也是。龙武军，一向皆用功臣子弟。高宗龙朔二年（662），置左右羽林军。太宗时，改为左右龙武军，挑其中骁捷善驰射者，以其为飞骑，衣五色袍，乘六驳马，虎皮马鞍垫鞯，我朝讳虎，故曰龙武。然而今日龙武深驻辇，无人检阅，自从弃置便衰朽，世事蹉跎成白首。

我也会去兴庆宫流连，兴庆宫在皇城东南，谓之南内。兴庆宫是玄宗做藩王时的府邸，皇帝登大宝后大规模扩建，使之成为长安城三大内之一，它也是皇帝与霓裳羽衣的贵妃的长住之地。

兴庆宫筑夹城入芙蓉园，芙蓉园与曲江相接，玄宗常携美人游幸其中。云想衣裳花想容，春风拂槛露华浓。

开元元年（713）九月，皇帝宴王公百僚于承天门，令左右于楼下撒金钱，许中书以上五品官及诸司三品以上官争拾之。开元中，上巳节，玄宗赐宴臣僚，会于曲江山亭，恩赐教坊声乐，唯宰相三使北省官与翰林学士登焉。

画阁朱楼尽相望，红桃绿柳垂檐向。十二楼中尽晓妆，望仙楼上望君王。

而我，也曾受到玄宗皇帝信任，从夹城入芙蓉园，登兴庆南楼，置酒眺望。当时君臣相得，多少恩典豪情。

然而，这一切，都远了，我这微霜的脸，恰如这暮春时分。今日谩焚香，往日不能重来。

在低微的时光中，我偶然一次，曾经过郑虔故居。

116

故居门巷荒凉，车马绝迹。我百感交集：

　　　　台州地阔海冥冥，云水长和岛屿青。乱后故人双别泪，春深逐客一浮萍。酒酣懒舞谁相拽，诗罢能吟不复听。第五桥东流恨水，皇陵岸北结愁亭。贾生对鵩伤王傅，苏武看羊陷贼庭。可念此翁怀直道，也沾新国用轻刑。祢衡实恐遭江夏，方朔虚传是岁星。穷巷悄然车马绝，案头干死读书萤。（《题郑十八著作丈故居》）

　　第五桥、皇陵岸，都是我同郑虔曾经把臂同游之处。我站在当地，胸中竟有千情万状涌来，无法移动脚步。

　　我想起了曾一样谪官的贾谊，贾谊是西汉文帝时博士，迁太中大夫，本少年得志。后受大臣周勃、灌婴排挤，谪为长沙王太傅。

　　长沙地处南方，离当时京师长安有数千里之遥，且低洼潮湿，贾谊因此常自哀伤，以为寿命不长。到贬谪的第三年，一天，一只鵩鸟飞进了他的房间，停在座位旁。鵩鸟不吉，因此令他无限伤感，于是作《鵩鸟赋》："合散消息兮，安有常则？千变万化兮，未始有极！忽然为人兮，何足控抟。化为异物兮，又何足患！"

　　贾谊的自伤，正与我今日同。

　　但他其后的命运更是千变万化。作《鵩鸟赋》不久，贾谊被召回长安，为梁怀王太傅。

　　梁怀王刘揖是文帝的小儿子，很受宠爱，看起来一切都好了。

　　不料梁怀王坠马而死，贾谊身为太傅，自感没有尽到责任，深自歉疚，抑郁而亡，时仅三十三岁。

　　我又想起不附贼的苏武。

　　武帝时，苏武凭着父亲苏建的庇荫，官拜郎中，后升任栘中厩监。天汉元年奉命以中郎将持节出使匈奴，不幸被扣留。

　　匈奴贵族多次威逼利诱，欲使苏武投降，苏武不从。于是将他迁到北海边

117

牧羊，扬言要待公羊生子方释放他回国，这是赤裸裸的终生囚禁。

想苏武在苍茫的北海边，忍受的是怎样的孤寂与绝望。但想必，气节是支撑他的力量。这种力量，使一切惨白有了意义。

孰料中途，汉朝降将李陵又到北海，带来皇帝驾崩的消息，苏武闻言向南大哭，吐血，每天早晚哭吊，数月之久。顷刻之间，为之效忠的人已经不在了，忍耐还有意义吗？只身流落敌国，永无尽头的囚徒人生有意义吗？

无法想象苏武在那些呕心沥血的岁月里，思绪曾经飘向哪里。北海汹涌的涛声，是否悄然淹没了他的苦吟？一个倔强孤独的人，历尽艰辛，留居匈奴十九年，持节不屈。

十九年后，苏武方获释回汉。去世后，汉宣帝将其列为麒麟阁十一功臣之一。

苏武魂消汉使前，古祠高树两茫然。

而郑虔呢？他得到的只是贬谪。多情只有春庭月，犹为离人照落花。

天高地阔兮见汝无期。浮萍寄清水，随风东西流，我为郑虔悲伤着，也为自己苦闷着。"闻君话我为官在，头白昏昏只醉眠"。

我郁郁寡欢，惶惶不可终日，甚至玄都观李道士的来访也不能使我振奋。

京城朱雀街，有玄都观。李道士是长安人，有画松之神妙绝技，这天他手提新画，跑来问我要题句，我便给他写了《题李尊师松树障子歌》。

老夫清晨梳白头，玄都道士来相访。握发呼儿延入户，手提新画青松障。障子松林静杳冥，凭轩忽若无丹青。阴崖却承霜雪干，偃盖反走虬龙形。老夫平生好奇古，对此兴与精灵聚。已知仙客意相亲，更觉良工心独苦。松下丈人巾屦同，偶坐似是商山翁。怅望聊歌紫芝曲，时危惨澹来悲风。

写着写着，看他画上松下丈人，好似商山老翁，忽然悲从中来。我知道，我已经走投无路了。

很快，到了端午节，我照例得到了皇帝赏赐的宫衣。我有预感，这将是皇帝给我最后的赏赐。我手中捧宫衣细葛香罗，老泪纵横。意内称长短，终身荷圣情。

果然，到了这年六月，我被贬为华州司功参军。

华州参军

至德二载（757）五月，前任宰相、现任太子少师的房琯被逐出朝廷，贬为邠州刺史。同时被贬的还有"所谓"房党京兆尹严武、国子监刘秩等。我知道，暴风雨就要来了。六月，我被贬为华州司功参军。

时隔一年，我再次穿过金光门。不同的是，去年，我怀着无法遏制的热忱，迫不及待跨入这道门。跨入期待已久的"致君尧舜上，再使风俗淳"的崭新天地，而如今，我将不得不离开了。

金光门是一道神奇的门，见证过无数荣华富贵。

贞观年间有位裴明礼，拾荒为生，此人极其贫穷而极有智慧。他先是收购大家弃而不用之物，积少成多后卖出去，慢慢积攒了许多家财。他用这笔钱买了块地，那是金光门外一块无人问津的荒地，布满瓦砾，不生庄稼，故极便宜。

裴明礼低价购入后，在地里竖起一根木杆，上面挂上筐子。他让人捡地里的瓦砾投向筐里，投中便给钱奖励，一时参与者众。但上千个投掷的人，仅有一两个人投中而已。不用自己动手，地里的瓦砾很快便捡拾干净。

裴明礼接着将这干净的土地给人放羊，羊粪因此满地，于是他将事先备好的各种果核撒进去。几年后，便有了一座茂盛的果园。等到秋收，裴明礼便将果子一车车载到集市上出售，获利颇丰。

然后裴明礼又在这地上建造房屋，他在院子周围养蜂贮蜜，又种上满园蜀葵。蜜蜂采花酿蜜、传授花粉。蜀葵与蜂蜜双双丰收，裴明礼盆满钵满。

然而这黄金般的奇迹与我无关。

此时，站在金光门外，我有如身处命运的深渊，上有青冥之长天，下有渌水之波澜。

胸腔里起伏着不甘与悲愤。像这即将消逝的黄昏，极力嘶吼、极力挣扎，却徒劳无功，终将坠入难以挽回的黑暗。

无才日衰老，驻马望千门。

我以为只是瞬间的黑暗，黎明很快会呼啸而回。我以为只是暂别君王，却不知道，从此我再也没有回到过长安，再也没有吹到过穿越金光门的春风，忆君迢迢隔青天。

离开长安前夕，我郁闷难当。

一个人的到来，使我壅塞的痛苦寻到了出口，这个人是我的忘年交、校书郎孟云卿。孟云卿，曾经落第，三十岁后始举进士，我尤其喜欢他的朴实无华。

孟云卿早年科场失意，流寓荆州一带，生活困窘。一个寒食节，他写下了胸中块垒：

二月江南花满枝，他乡寒食远堪悲。贫居往往无烟火，不独明朝为子推。（《寒食》）

寒食节的来历原本就是个高情的故事。春秋年代晋国人介子推，曾随晋公子重耳流亡十九年，情深意重。后来助重耳成为晋文公，有犬马之劳，晋文公赏赐随从，但介子推不肯做官，带着老母隐居绵山。重耳焚山相逼，介子推抱树死志。

当地人感念其高节，便于每年冬至后一百五日禁火寒食，是为寒食节。孟云卿所做七绝，推重高士，且以乐景写哀情，我以为平淡中有深意。

同道相遇，自然一夜剧饮。

> 乐极伤头白，更长爱烛红。相逢难衮衮，告别莫匆匆。但恐天河落，宁辞酒盏空。明朝牵世务，挥泪各西东。（《酬孟云卿》）

他谈他的雄词变云雾、悲风白杨树，我说我的自有烟雾质、顾步独纡郁，那是怎样快意的秉烛长谈。

当然，幸运的是，这年冬天，我们还将在洛阳重逢，并相偕到刘颢家中畅饮。我将写下《冬末以事之东郊，城湖东遇孟云卿，复归刘颢宅宿，饮宴散因为醉歌》，记述彼此再度邂逅的喜悲交集之情。

此际无论怎样不舍，我终于还是跨出了金光门。

华州的夏天酷热。

> 七月六日苦炎蒸，对食暂餐还不能。每愁夜中自足蝎，况乃秋后转多蝇。束带发狂欲大叫，簿书何急来相仍。南望青松架短壑，安得赤脚踏层冰。（《早秋苦热，堆案相仍（时任华州司功）》）

身为参军，我主要负责祭祀、礼乐、学校、选举、考课等文教工作。我在虫子的包围里过活，我在如山的公文里发狂，忽然感到厌倦。

在此地，我遇到了高式颜，他是高适的族侄。当年我们曾经一同在梁宋中游荡。今日重逢，各自斑白。

> 昔别是何处，相逢皆老夫。故人还寂寞，削迹共艰虞。自失论文友，空知卖酒垆。平生飞动意，见尔不能无。（《赠高式颜》）

如今我常常想起古人。

想起那些怀才遇和不遇的人。钟会谗言，故如鹤的嵇康死于非命。徐庶善

于荐人，故卧龙孔明得以出山。

> 蛰龙三冬卧，老鹤万里心。昔时贤俊人，未遇犹视今。嵇康不得死，孔明有知音。又如垄底松，用舍在所寻。大哉霜雪干，岁久为枯林。
> （《遣兴五首·其一》）

想起那些洒脱的隐士。

> 昔者庞德公，未曾入州府。襄阳耆旧间，处士节独苦。岂无济时策，终竟畏网罟。林茂鸟有归，水深鱼知聚。举家隐鹿门，刘表焉得取。
> （《遣兴五首·其二》）

当年荆州刺史刘表数次请庞德公进府，庞不就。刘表企图以大义说服他：夫保全一身，孰若保全天下乎？

而庞公笑答：鸿鹄巢于高林，暮而得所栖。鼋鼍穴于深渊，夕而得所宿。人的取舍与行止也如巢穴，万物都只为各自得到栖宿之所。刘表叹息而去，庞公遂携妻子，登鹿门山，采药不返。

至于我自己，只能朱颜惨戚、日夜忧愁、随风飘荡。

> 我今日夜忧，诸弟各异方。不知死与生，何况道路长。避寇一分散，饥寒永相望。岂无柴门归，欲出畏虎狼。仰看云中雁，禽鸟亦有行。
> （《遣兴五首·其三》）

> 蓬生非无根，漂荡随高风。天寒落万里，不复归本丛。客子念故宅，三年门巷空。怅望但烽火，戎车满关东。生涯能几何，常在羁旅中。
> （《遣兴五首·其四》）

> 昔在洛阳时，亲友相追攀。送客东郊道，遨游宿南山。烟尘阻长河，

树羽成皋间。回首载酒地，岂无一日还。丈夫贵壮健，惨戚非朱颜。
（《遣兴五首·其五》）

这年重阳节，我去了崔季重的东山草堂。崔季重是王维的内兄，而且他同我的好友苏源明有旧。

王维悟性极高、富有才华。参禅悟理，学庄信道，诗书画乐，无一不精。

但王维总心不在焉，仿佛随时准备离开。虽然出仕，却在京城南蓝田山麓建辋川别墅，在湖光山色间与知心好友半官半隐。

安史之乱后，王维被捕，后被迫出任伪职。战乱平息后，被下狱交付有司审讯，按律当斩。救了他性命的是他的才华，王维被俘时作了一首《凝碧池》："万户伤心生野烟，百官何日更朝天。秋槐落叶空宫里，凝碧池头奏管弦。"

诗中流露的亡国之痛和思君之情，打动了肃宗。加上其弟刑部侍郎王缙平反有功，请求削籍为兄赎罪，王维得以宽宥。先是降为太子中允，后兼迁中书舍人，官终尚书右丞。

王维的诗作总有种淡然风度，即使写浓烈的色彩，也暗暗存着平静的力量。像"漠漠水田飞白鹭，阴阴夏木啭黄鹂"（《积雨辋川庄作》）、"雨中草色绿堪染，水上桃花红欲燃"（《辋川别业》）、"白水明田外，碧峰出山后。"（《新晴野望》）。

至于本身就轻描淡写的，更流露着层次分明的隔岸观火。像"松含风里声，花对池中影"（《林园即事寄舍弟》）、"万壑树参天，千山响杜鹃。山中一夜雨，树杪百重泉"（《送梓州李使君》、"空山新雨后，天气晚来秋。明月松间照，清泉石上流"（《山居秋暝》）。

也不乏活泼生趣。"桃红复言宿雨，柳绿更带青烟。花落家僮未扫，莺啼山客犹眠"（《田园乐七首》其六）、"复值接舆醉，狂歌五柳前"（《辋川闲居赠裴秀才迪》）。

也有直率真诚："渭城朝雨浥轻尘，客舍青青柳色新。劝君更尽一杯酒，西出阳关无故人。"（《送元二使安西》）

但他总刻意与人世保持一段距离。"相送临高台，川原杳何极。日暮飞鸟

还，行人去不息"（《临高台送黎拾遗》）、"鸟道一千里，猿啼十二时"（《送杨长史赴果州》）。

到后世，王维的许多诗句都将广为传诵。人们将吟诵着："君自故乡来，应知故乡事。来日绮窗前，寒梅著花未。""大漠孤烟直，长河落日圆。""独在异乡为异客，每逢佳节倍思亲。"怀念这位诗画双绝的唐朝才子。

至于这年的我，原本老去逢秋，悲不自胜。
偏偏那天兴致勃勃。

> 老去悲秋强自宽，兴来今日尽君欢。羞将短发还吹帽，笑倩旁人为正冠。蓝水远从千涧落，玉山高并两峰寒。明年此会知谁健？醉把茱萸仔细看。（《九日蓝田崔氏庄》）

那天秋风很大，一如若干年前东晋的江州。若干年前，江州才子孟嘉，跟随刺史桓温，和我今日一般，游览龙山，登高赏菊，设宴欢饮。当时大小官员身着戎装，一任金风送爽。

突然一阵风扑面吹来，将孟嘉的帽子吹落在地，但他全无察觉，仍举杯痛饮。桓温暗奇，以目示意，让大家别声张。孟嘉依旧谈笑风生，浑然不觉。

良久，孟嘉起身入厕。桓温趁机让人把孟嘉的帽子捡起来，放回席上。又命人取来纸笔，让咨议参军太原人孙盛写了一张字条，嘲弄孟嘉落帽不知，有失体面，并将纸条压在帽下。

孟嘉返回，才发觉自己落帽失礼，他不动声色，戴上帽子，看完字条，取来纸笔，提笔立就，其词滔滔，满座叹服。

孟嘉落帽，何等名士风流潇洒。我之落帽，却唯恐露出萧萧短发。

然而我也有我的骨气。我的骨气是蓝水远来，千涧奔泻，玉山高耸，两峰并峙，山高水险，令人振奋。

那天，我醉了。我握着一把茱萸，醉意朦胧。内心悲凉，强颜欢笑。

我在东山待了两天，也去王维的辋川庄走走看看。这两天我略微平静，偶然传来的钟声，落在我的心里。黄昏时，夕阳照耀着溪边樵夫，影子和着水光，缓缓流淌。此番情境，竟令我自清寂中生出几丝释然。

> 爱汝玉山草堂静，高秋爽气相鲜新。有时自发钟磬响，落日更见渔樵人。盘剥白鸦谷口栗，饭煮青泥坊底芹。何为西庄王给事，柴门空闭锁松筠。（《崔氏东山草堂》）

白鸦青泥，栗与芹，毕竟是清新的。远离朝堂风云，也有凡尘俗世的平静快乐，只是没有见到王维。

此时，王维仍在京师。大约日日玄谈，在茶铛、药臼、经案和绳床的清冷中，默然面对内心的愧疚吧。那个泛舟、弹琴、赋诗、啸咏的王摩诘再也不会出现了。

不是没有高兴的时候，例如得遇李嗣业率部打华州经过。乾元元年（758）六月，李嗣业兼任怀州刺史，充任镇西、北庭行营节度使。九月，李嗣业奉命与朔方节度使郭子仪、淮西节度使等率领步兵、骑兵二十万讨伐安庆绪，这是他赴任取道。

李嗣业是我特别钦佩的将军，不仅仅因为于我有借马之谊。李将军极其骁勇，"四镇富精锐，摧锋皆绝伦。还闻献士卒，足以静风尘。老马夜知道，苍鹰饥著人。临危经久战，用急始如神"。

> 奇兵不在众，万马救中原。谈笑无河北，心肝奉至尊。孤云随杀气，飞鸟避辕门。竟日留欢乐，城池未觉喧。（《观安西兵过赴关中待命》）

将军节操沉厚，秉性忠烈，怀干时之勇略，有戡难之远谋。且为官清廉，从不置家产，身边唯大宛马十匹而已。但凡受到赏赐，全部充公作为军费。

余威犹在。李部过境后，我久久不能平静。

三
吏
三
别

此时东都已收复，华州如此乏味，我打算回洛阳看看。

我先在湖城县刘颢家短暂盘桓。正当动身进城时，便遇见了孟云卿，于是相偕折返。三人自然又是一番豪聚，一番痛别。

远树带行客，孤城当落晖。

等到我终于回到洛阳，竟又遭遇李嗣业的部队。

　　北庭送壮士，貔虎数尤多。精锐旧无敌，边隅今若何。妖氛拥白马，元帅待雕戈。莫守邺城下，斩鲸辽海波。（《观兵》）

我依然再次被震撼。没曾想，两个月后，李将军便中箭身亡。

本来他不必死的，是伤势快好时，他突然听到了发令的钟鼓声。身为军人，鼓声就是命令。他下意识大喊杀敌，于是伤口破裂，流血过多而死。死后赐谥号忠勇，追封武威郡王。

从来幽并客，皆向沙场老。

我又回到了故乡陆浑庄。但即便回到故乡，我还是孤身一人，弟弟杜颖不知身在何处，他此前宦游齐鲁，战乱中流落无踪。

在陆浑庄的几日，我闲依农圃，晓耕荒篱，夜傍溪石。来往不逢人，长歌楚天碧。物是人非，恍如隔世。

故乡春风吹拂，我很想念杜颖，写下《忆弟二首》。

　　丧乱闻吾弟，饥寒傍济州。人稀书不到，兵在见何由。忆昨狂催走，无时病去忧。即今千种恨，惟共水东流。

　　且喜河南定，不问邺城围。百战今谁在，三年望汝归。故园花自发，春日鸟还飞。断绝人烟久，东西消息稀。

或许是上天有眼，不久我竟收到了杜颖来信。经此大乱，我们都还活着，老怀大慰。

让我内心震荡的，是见到故人卫八。

　　人生不相见，动如参与商。今夕复何夕，共此灯烛光。少壮能几时，鬓发各已苍。访旧半为鬼，惊呼热中肠。焉知二十载，重上君子堂。昔别君未婚，儿女忽成行。怡然敬父执，问我来何方。问答未及已，儿女罗酒浆。夜雨剪春韭，新炊间黄粱。主称会面难，一举累十觞。十觞亦不醉，感子故意长。明日隔山岳，世事两茫茫。（《赠卫八处士》）

青山朝别暮还见，嘶马出门思故乡，我与卫八不相见已二十余年。曾经的青春年少，如今已白发如霜。当初是孤身一人，此刻儿女成行。

夜晚下起了小雨，茅屋顶上飘起了炊烟，我们觥筹交错，一杯接一杯。谈谈彼此近况，讲讲故乡变迁，说说那些走得快些、已阴阳两隔的伙伴。

要知道，这些年，彼此都苍白了时光，十觞不足亦不醉。明日隔山岳，世事两茫茫。

乾元二年（759）二月，我将离开洛阳，返回华州。

这段时间两京相继克复，平叛捷报频传，胜利在即。南朝宋文帝元嘉年间，河、济俱清，鲍照作《河清颂》以赞，颂中有"泰阶既平，济河既清，大人在上，区宇文明，樵夫议道，渔夫濯缨"之誉。而我，厌乱思治，写了《洗兵马》。

我歌颂平叛的胜利，我赞扬平叛的功臣，我希望起用良臣，我切盼洗净甲兵。

这首诗歌，我不再沉郁顿挫，当此海晏河清，我也唱出了古风别调。

> 中兴诸将收山东，捷书夜报清昼同。河广传闻一苇过，胡危命在破竹中。祗残邺城不日得，独任朔方无限功。京师皆骑汗血马，回纥餧肉蒲萄宫。已喜皇威清海岱，常思仙仗过崆峒。三年笛里关山月，万国兵前草木风。成王功大心转小，郭相谋深古来少。司徒清鉴悬明镜，尚书气与秋天杳。二三豪俊为时出，整顿乾坤济时了。东走无复忆鲈鱼，南飞觉有安巢鸟。青春复随冠冕入，紫禁正耐烟花绕。鹤驾通宵凤辇备，鸡鸣问寝龙楼晓。攀龙附凤势莫当，天下尽化为侯王。汝等岂知蒙帝力，时来不得夸身强。关中既留萧丞相，幕下复用张子房。张公一生江海客，身长九尺须眉苍。征起适遇风云会，扶颠始知筹策良。青袍白马更何有，后汉今周喜再昌。寸地尺天皆入贡，奇祥异瑞争来送。不知何国致白环，复道诸山得银瓮。隐士休歌紫芝曲，词人解撰河清颂。田家望望惜雨干，布谷处处催春种。淇上健儿归莫懒，城南思妇愁多梦。安得壮士挽天河，净洗甲兵长不用。（《洗兵马》）

想来，如今京城，当尽是骑着汗血马的士兵，在葡萄宫中，也当是喂肉的回纥兵。三年来，横笛吹奏军乐《关山月》，草木皆兵。

郭子仪、李光弼、王思礼三人皆有大功。成王功大，郭相远虑。司徒洞察秋毫，尚书气与大高。

这二三豪俊应时而出，整顿乾坤，济时救世。

皇威清海岱，但不能忘记"銮舆播迁"、往来于崆峒山的艰难。

为官的人弹冠庆贺，从此不必弃官避乱。东行的人不再为了想念故乡的旧味，似张翰，见秋风初起，念故土菰菜羹、鲈鱼脍，命驾便归。往南去的能看到安居巢中的禽鸟。

百姓人家，再也不用像曹操《短歌行》里那样张皇："月明星稀，乌鹊南飞。绕树三匝，何枝可依？"

人人有家可归。

春天再临长安，皇上昏定晨省，百官忭豫熙洽，紫禁城烟花飞绕。多少作乱的"青袍白马"皆平定，多少奇异祥瑞纷纷，似西王母朝虞舜时的白环，似神灵般不汲自满的银瓮。

隐士们不再歌唱《紫芝曲》，诗人们写下了崭新的《河清颂》。当年武王伐纣，遇大雨，武王曰：此天洗甲兵，而我祈愿，"净洗甲兵长不用"。

乾元二年（759），史思明筑坛于魏州城北，自称大圣燕王。这月，李嗣业死。

还是春天，我再度离开洛阳，经新安、石壕、潼关，赶往华州任所。

这时节，我朝集中郭子仪等九节度使步骑二十万，号称六十万，将安庆绪围在邺城。

为补充兵力，朝廷四处征兵。我所经之处，哀鸿遍野，民不聊生。"川为静其波，鸟亦罢其鸣。"耳闻目睹，我写了"三吏三别"。

这是我看到的故事。

客行新安道，喧呼闻点兵。借问新安吏："县小更无丁？""府帖昨夜下，次选中男行。""中男绝短小，何以守王城？"肥男有母送，瘦男独伶俜。白水暮东流，青山犹哭声。"莫自使眼枯，收汝泪纵横。眼枯即见骨，天地终无情！我军取相州，日夕望其平。岂意贼难料，归军星散营。就粮近故垒，练卒依旧京。掘壕不到水，牧马役亦轻。况乃王师顺，抚养甚分明。送行勿泣血，仆射如父兄。"（《新安吏》）

新安县大道，官吏按户籍册点兵，点来的竟是队队的少年。中男十八，二十二岁为丁，按照惯例，中男不服兵役。

莫非新安县小，壮丁已尽，才抓这些弱不成丁之中男？未成年男子如何守住王城？无人应答。

这是一支悲伤的队伍。健壮的中男有母相送，瘦小的孩童则父母双亡孑然一身。人人哀嚎。

我也流下了眼泪。队伍已经被拉走，我伫立原地，天已黄昏。但见暮色中白水东流，雾霭沉沉，犹如青山在哭。

"莫自使眼枯，收汝泪纵横。眼枯即见骨，天地终无情！"弱小从军自然不合情理，然而当此国难，谁又能置身事外？

但愿壕沟水浅，但愿劳役不深，但愿正义之师爱兵如子。

嗟叹着，暮色苍茫，我才匆匆忙忙赶到石壕村投宿。

这是我听来的故事。

　　暮投石壕村，有吏夜捉人。老翁逾墙走，老妇出门看。吏呼一何怒，妇啼一何苦。听妇前致词，三男邺城戍。一男附书至，二男新战死。存者且偷生，死者长已矣。室中更无人，惟有乳下孙。有孙母未去，出入无完裙。老妪力虽衰，请从吏夜归。急应河阳役，犹得备晨炊。夜久语声绝，如闻泣幽咽。天明登前途，独与老翁别。（《石壕吏》）

我投宿的这家，苦况惊人。三个儿子尽数戍边邺城，而新近的家书，刚刚报告了其中两个的死讯。空巢的老人们正自悲痛欲绝，夜里又来了如狼似虎的差役，寝不安席。

差役还是来捉人的。老翁闻讯越墙而走，颤巍巍的老妇起身查看。官吏的叱责，老妇的悲啼像刀子划过漆黑的夜。

我听到老妇忧愁地诉说：死去的一去不回，活着的苟且偷生，家里再无男

人。我听到老妇苦苦哀求：只剩吃奶的小孙，年轻母亲衣衫褴褛不能见人。我听到老妇无奈牺牲：带我前往河阳，可备新炊。对话就此逐渐消失。

隐约低微的哭泣，像雨滴落在地上，落在伤透的心里。

次日启程，老妇已不见踪影，只剩下天光中，忧愤深广的我和老翁。

这是最后一个故事。

士卒何草草，筑城潼关道。大城铁不如，小城万丈余。借问潼关吏：修关还备胡？要我下马行，为我指山隅：连云列战格，飞鸟不能逾。胡来但自守，岂复忧西都。丈人视要处，窄狭容单车。艰难奋长戟，万古用一夫。哀哉桃林战，百万化为鱼。请嘱防关将，慎勿学哥舒！（《潼关吏》）

漫漫潼关道，无数士卒辛勤修筑工事。放眼四望，沿起伏山势而筑的大小城墙，既高峻又牢固，雄姿威武。

潼关吏邀我下马步行，为我指点山隅，他自信防御工事高耸入云端、飞鸟难越，即便胡贼来犯，一夫当关万夫莫开。而我对三年前的潼关失守，余哀未尽，忧心忡忡。

接下来的路途，我遇见了三个人。

一位深明大义的新婚妇人。

兔丝附蓬麻，引蔓故不长。嫁女与征夫，不如弃路旁。结发为君妻，席不暖君床。暮婚晨告别，无乃太匆忙。君行虽不远，守边赴河阳。妾身未分明，何以拜姑嫜？父母养我时，日夜令我藏。生女有所归，鸡狗亦得将。君今往死地，沉痛迫中肠。誓欲随君去，形势反苍黄。勿为新婚念，努力事戎行。妇人在军中，兵气恐不扬。自嗟贫家女，久致罗襦裳。罗襦不复施，对君洗红妆。仰视百鸟飞，大小必双翔。人事多错迕，与君永相望。（《新婚别》）

她和夫君昨晚草草成亲，今晨便匆匆告别。洞房花烛夜，生离死别时。本是穷人家女儿，好容易才置办了丝绸的嫁衣，却只有短暂的幸福命运。"君行虽不远，守边赴河阳。"人事多错迕，与君永相望。

一位壮烈赴死的老人。

> 四郊未宁静，垂老不得安。子孙阵亡尽，焉用身独完。投杖出门去，同行为辛酸。幸有牙齿存，所悲骨髓干。男儿既介胄，长揖别上官。老妻卧路啼，岁暮衣裳单。孰知是死别，且复伤其寒。此去必不归，还闻劝加餐。土门壁甚坚，杏园度亦难。势异邺城下，纵死时犹宽。人生有离合，岂择衰盛端。忆昔少壮日，迟回竟长叹。万国尽征戍，烽火被冈峦。积尸草木腥，流血川原丹。何乡为乐土，安敢尚盘桓。弃绝蓬室居，塌然摧肺肝。（《垂老别》）

其实肃宗对郭子仪、李光弼等领兵并不信任，故诸军不设统帅。乾元二年（759）三月，我军在邺城大败，为扭转危局，急需补充兵力。于是洛阳以西、潼关以东一带强行抓丁，老汉、老妇也不能幸免。

四野未平，人人不得安宁。年老力衰，风烛残年，枯槁不堪。子孙都已殉难，老命无需苟全，他扔掉拐杖出门，同行之人也为之辛酸。

但见烽火弥漫岗峦，尸骸积山，唯有老伴声声哀唤，要保重，要加餐。今朝离去，势必永不能回返家园，天崩地裂摧断肺肝。独行老翁的前途如何，孤单的老妻将否陷入绝境，仓皇莫测的战局将怎样？

没有人知道。

一位无家可归的孤儿。

> 寂寞天宝后，园庐但蒿藜。我里百余家，世乱各东西。存者无消息，

死者为尘泥。贱子因阵败，归来寻旧蹊。久行见空巷，日瘦气惨凄，但对狐与狸，竖毛怒我啼。四邻何所有，一二老寡妻。宿鸟恋本枝，安辞且穷栖。方春独荷锄，日暮还灌畦。县吏知我至，召令习鼓鞞。虽从本州役，内顾无所携。近行止一身，远去终转迷。家乡既荡尽，远近理亦齐。永痛长病母，五年委沟溪。生我不得力，终身两酸嘶。人生无家别，何以为蒸黎。（《无家别》）

村野荒凉，这位孤儿的家园只剩蒿草蒺藜。乡里百余户人家各奔东西，活着的没有消息，死了的已化为尘土。

邺城兵败，他得以回来寻找家乡的旧路，在村里走了很久很久。日色无光，但见空巷，只有一只只毛发竖立的野鼠和狐狸。四邻无所剩，除了一两个老寡妇。

他扛起锄头下田，孰料县吏又征召他入军。家乡既已一片空荡，到哪里都是一样。

只伤痛他长年生病的母亲，死了五年也没有好好埋葬。人生在世，无家可别，此生何为？

我遇见了这三个人。
我遇到了这乱世中每个遭遇痛苦的人。

第五章　淹留冠簪

从杜甫踏上秦州的那一刻，便踏上了颠沛流离的末路。

唐王朝的倾覆凋零，像一朵巨大的焰火陨落，烟霞所及，无一幸免。每一朵璀璨的相交，都使与事者被迫顷刻改变了命运。那位求仙访道的青莲居士李白，因为错投永王幕被流放了。那位送云推月的酒后画师郑虔，由于遭逢叛军劫持授官被贬谪了。而杜甫，有幸脱身贼窟、献计新君，一颗报国痴心却又被诡异的政治风云雪藏了。他不得不一路向西，经历了同谷的泥泞狼狈，暂时抵达了草堂的安宁温馨。

在成都，诸葛亮与浣花溪成为杜甫入世和出世的两个精神印迹。他不止一次在丞相祠堂的肃穆里落泪。想孔明遭逢三顾茅庐的幸运，叹息两朝开济的老臣心。锦官城的雨夜，柏树林的朝阳，出师未捷身先死的长恨，他的眼泪为诸葛，也为壮志未酬的自己。他几次三番在浣花溪的温情里展眉。思草堂楠树绵延二百年的仁慈，感念稚子老妻片刻的乡村怡情。黄四娘家落满蹊的花，绵延不尽的雪岭，日日春水群鸥的诚挚，他的欢颜为亲人，也为离乱漂泊的百姓。

身在江湖，心怀魏阙。裴冕的富而仁慈、严武的疏狂仗义，无法阻挡蜀地茅屋为秋风所破，不能排遣无法穿越巴峡巫峡、奔赴襄阳洛阳的悲伤，无力解救天下生灵于水火。杜子美只能任忆昔之声在脑海翻滚，让云门之曲留胸中怀想。

安得广厦庇寒士？日暮聊为梁甫吟。

参军无可为，我决定弃官而去。

乾元二年（759）七月，我离官携家离开华州，我们要前往秦州。秦州在京师以西七百八十里，至东都一千六百五十里，位于六盘山支脉陇山以西。

这里并不是什么好地方。《陇头歌辞》里唱道："陇头流水，流离山下。念吾一身，飘然旷野。朝发欣城，暮宿陇头。寒不能语，舌卷入喉。陇头流水，鸣声呜咽。遥望秦川，心肝断绝。"这令人肝肠寸断的旷野，便是秦州。兵马戍边到此，一向视为畏途。

我虽不是戍边，但携家度陇，仍然无穷艰险。前途茫茫，遥望秦川之际，想两京远在天涯，战火仍久久不熄，我几乎五内俱焚。

一路艰辛不表。七月，抵达秦州后，我们暂且安顿下来。

我在秦州，万念俱灰，几乎不与官吏们交往。闲居无事，便独自在城内各处游荡，我去了东楼。

万里流沙道，西征过此门。但添新战骨，不返旧征魂。楼角凌风迥，城阴带水昏。传声看驿使，送节向河源。（《东楼》）

西去沙漠，都要经过这座城楼。楼檐临风起，高处不胜寒，背靠渭水，一片昏暗。

我在楼上沉思，听驿使喧呼而过，当是向西而行，前去与吐蕃和谈。想一次次如风的出征，不过增添些新死者的累累尸骨，却从不曾看见返归的灵魂。

灵魂一去不返，活着的人又该如何了此残生？

> 亦知戍不返，秋至拭清砧。已近苦寒月，况经长别心。宁辞捣熨倦，一寄塞垣深。用尽闺中力，君听空外音。（《捣衣》）

捣衣声里，多少相思刻骨，多少离合悲欢。

近来回纥兵很是骄盛。花门山脉，乃我朝与回纥自然国界。"花门山堡"位于花门山南麓，是一处要塞，扼守着"弱水居延海北出花门堡道"的山脉隘口，所以我们称回纥为花门。

我不喜欢花门。

> 北门天骄子，饱肉气勇决。高秋马肥健，挟矢射汉月。自古以为患，诗人厌薄伐。修德使其来，羁縻固不绝。胡为倾国至，出入暗金阙。中原有驱除，隐忍用此物。公主歌黄鹄，君王指白日。连云屯左辅，百里见积雪。长戟鸟休飞，哀笳曙幽咽。田家最恐惧，麦倒桑枝折。沙苑临清渭，泉香草丰洁。渡河不用船，千骑常撇烈。胡尘逾太行，杂种抵京室。花门既须留，原野转萧瑟。（《留花门》）

回纥咸食畜肉，衣其皮革，固然神勇，然强梁可畏。

我也不喜欢肃宗借兵花门。但皇帝不单借兵，还和亲，完成和亲的是宁国公主，一个苦命的贵族女人。

汉朝曾经以江东王建女细君为公主，妻乌孙国昆莫。昆莫年老，而且言语不通，公主悲愁作歌曰："居常土思兮心内伤，愿为黄鹄兮归故乡。"和亲的

女子大抵是如此绝望的。

宁国公主是肃宗次女，一生躲不开寡居的命运。先嫁郑巽，郑在安史之乱之前就死掉了。再嫁薛康衡，薛康衡也早早离开人世。

平叛之时，经郭子仪提议，我朝求助于回纥。两军联合之下，的确使安禄山父子势力基本瓦解。剧情迅速演变，至乾元元年（758）六月，回纥果然居功自傲，请求和亲。

肃宗无奈，便将寡居的宁国公主献给回纥病重年老体衰的毗伽阙可汗当王后。此前出塞和亲，都是朝廷册封的宗室之女或宫女，唯有这次是大唐真正的公主。

肃宗为此颁布诏书。自言"骨肉之爱，人情所钟；离远之怀，天属尤切。况将适异域，宁忘轸念。但上缘社稷，下为黎元，遂抑深慈，为国大计。是用筑兹外馆，割爱中闱，将成万里之婚，冀定四方之业"。将心爱的女儿送到万里之外，生离如同死别。

乾元元年（758）七月，宁国公主离开长安奔赴异域。是时京都文武大臣、公主的兄弟姐妹都去送行，肃宗亲自送到咸阳磁门驿。

临别，宁国公主泣不成声，道："国家事重，死且无恨。"她是抱了必死的决心的，好在回纥生活持续八个月之后，她并没有死，但毗伽阙可汗死了，宁国公主第三番做了寡妇。

公主不肯按照回纥人风俗殉葬，但仍然劓面大哭，容貌尽毁。乾元二年（759）八月，因宁国公主"无子"，回纥将她遣送回长安。公主固然生还，但已历尽人世忧患，不但满脸伤痕，内心的痛苦难以为外人道，遂独居至死。

我反对留花门，何况此时，回纥败归，史思明日益猖獗。回纥千骑之撇烈如此，太行烟尘之侵逼如彼，花门之留，何救于原野萧瑟。引狼入室，终为国患。

然而我反对有什么用。

　　吾怜孟浩然，裋褐即长夜。赋诗何必多，往往凌鲍谢。清江空旧鱼，

春雨余甘蔗。每望东南云，令人几悲吒。(《遣兴五首·其五》)

当年孟浩然年四十游京师，玄宗诏其咏诗，孟浩然便吟了首《岁暮归南山》。诗云："北阙休上书，南山归敝庐。不才明主弃，多病故人疏。白发催年老，青阳逼岁除。永怀愁不寐，松月夜窗虚。"听到"不才明主弃"，玄宗说："卿自不求仕，朕未尝弃卿，奈何诬我？"因放还未仕。后孟浩然隐居鹿门山，粗布短衣度长夜之悠悠。

我大概也同孟浩然一般吧。

但我连回去的地方都没有。已是秋天。

清秋望不极，迢递起层阴。远水兼天净，孤城隐雾深。叶稀风更落，山迥日初沉。独鹤归何晚，昏鸦已满林。(《野望》)

这清旷无极的秋，层云隐约遥远。澄明的水和天，一座孤城，云雾深深。
本已稀疏的树木在秋风中继续飘落。夕阳西下，孤独的鹤啊为何晚归，昏鸦早已宿满树林。
这是我充满人生深愁的秋，满腔秋风秋云秋雨，满腔荒凉。
其实我已经活在荒凉里很久了。从安史之乱以来，从我离开金光门的那个黄昏，我就在荒凉里入睡，在荒凉里醒来。
我的朝代也开启了荒凉的时代，从繁华如梦，到蝉鸣空桑。

天际秋云薄，从西万里风。今朝好晴景，久雨不妨农。塞柳行疏翠，山梨结小红。胡笳楼上发，一雁入高空。(《雨晴》)

一雁声嘶何处归。我归何处？也许我真该再建一座陆浑庄了。
我在秦州城中住到九月，住得并不理想，我想搬到乡下去住。
秦州有我的族侄杜佐，城南六十里的东柯谷是他的草堂。草堂依山傍水，经营得颇有声色。"自闻茅屋趣，只想竹林眠。满谷山云起，侵篱涧水悬"。

杜佐能干，境况不错，常来看望，给我带来了生活必需之物。"山晚浮云合，归时恐路迷。涧寒人欲到，村黑鸟应栖。"这使我有了在此定居的信心。自然，我也常老着脸皮，问他索要白薤黄粱。

我开始找寻幽僻无人之境置建草堂。听说西枝村不错，风景清幽，林木繁茂，赞上人曾经数次称道。

在秦州收获的惊喜是再见赞上人。正为移居故，我专程去拜访他。

出郭眺细岑，披榛得微路。溪行一流水，曲折方屡渡。赞公汤休徒，好静心迹素。昨枉霞上作，盛论岩中趣。怡然共携手，恣意同远步。扪萝涩先登，陟巘眩反顾。要求阳冈暖，苦涉阴岭泪。惆怅老大藤，沈吟屈蟠树。卜居意未展，杖策回旦暮。层巅余落日，草蔓已多露。

天寒鸟已归，月出人更静。土室延白光，松门耿疏影。跻攀倦日短，语乐寄夜永。明燃林中薪，暗汲石底井。大师京国旧，德业天机秉。从来支许游，兴趣江湖迥。数奇谪关塞，道广存箕颍。何知戎马间，复接尘事屏。幽寻岂一路，远色有诸岭。晨光稍曚昽，更越西南顶。（《西枝村寻置草堂地，夜宿赞公土室二首》）

步泽求溪，披榛觅路。赞公身伴云霞而作书相寄，盛论岩中趣。

铄铄霞上景，蒙蒙云外山。

我和赞上人在村中散步，找寻宜建草堂之地。山高足倦，深林路迷。求阳涉阴，自北至南，终于两人都感到疲惫。我们在一棵老藤蟠曲的树下休息，沉吟立夕阳。

暂时并未找到合意之处，我在赞上人家借宿，凝露沾蔓草。

天寒鸟归，月出山静，白光松影。虽然走累了，但彼此谈兴尚浓。燃薪代烛，汲井烹茶，正是我想要的山居乐趣。此次寻找无果，来朝再寻，我深深期待着。

但我并未停止感时忧乱。

关于时局，这一年，九节度围邺大溃，战局重新转入被动，危机四伏。我这失意的放臣，忧心不可断绝，一如在秦州见到的那位弃妇。

> 绝代有佳人，幽居在空谷。自云良家子，零落依草木。关中昔丧败，兄弟遭杀戮。官高何足论，不得收骨肉。世情恶衰歇，万事随转烛。夫婿轻薄儿，新人美如玉。合昏尚知时，鸳鸯不独宿。但见新人笑，那闻旧人哭。在山泉水清，出山泉水浊。侍婢卖珠回，牵萝补茅屋。摘花不插发，采柏动盈掬。天寒翠袖薄，日暮倚修竹。（《佳人》）

这位美丽的良家女子，隐居在僻静的深山野谷。当年长安丧乱，她的兄弟惨遭杀戮。官高显赫又如何，世情原本厌恶衰落，战争就这样改变了她的命运轨迹。最大的痛苦是轻薄的夫婿，当此沦陷，又巴巴地娶了艳丽的新妇。

合欢花盛开着，鸳鸯鸟忠贞着，而她，只能忍受他与新人朝暮调笑。在山的泉水清澈，出山的泉水浑浊。旧人的眼泪，负心人从来罔顾。

正说着这些委曲求全，变卖首饰的侍女回来了，她忙着牵拉藤萝修补破屋。天寒地冻，夕阳青竹长，佳人衣衫薄。她在日暮时分，独倚修竹，望着不可知的命运，陷入哀伤之中。孤独的影子渐渐被暗夜吞噬。

乱世里，没有人能逃离无辜的命运。

灵魂孤寂时，会想起它的同道。会想起那些色彩相同的魂魄，会渴望彼此抚慰的温暖。我想念李白。

想起李白，就会想起他的痛饮狂歌："君不见，黄河之水天上来，奔流到海不复回。君不见，高堂明镜悲白发，朝如青丝暮成雪。人生得意须尽欢，莫使金樽空对月。天生我材必有用，千金散尽还复来。烹羊宰牛且为乐，会须一饮三百杯。岑夫子，丹丘生，将进酒，杯莫停。与君歌一曲，请君为我倾耳听。钟鼓馔玉不足贵，但愿长醉不复醒。古来圣贤皆寂寞，惟有饮者留其名。陈王昔时宴平乐，斗酒十千恣欢谑。主人何为言少钱，径须沽取对君酌。五花马，千金裘，呼儿将出换美酒，与尔同销万古愁。"

就是这样的一个人，一个诗人，一个狂徒，一个彻底的浪漫主义者，却在至德二载（757），参与永王李璘之变，被系浔阳狱。那时，他是永王的都督僚佐。

安史之乱起，李十二眼见"洛阳三月飞胡沙""白骨相撑乱如麻"，迅疾东奔向吴。他何尝不想捐躯赴国难，只是阴差阳错，投到了永王幕中。

当玄宗避走巴蜀，永王起而兴兵，李白渴望能匡扶社稷。也许，他起初并不知道永王要反，他只是想长风破浪、直挂云帆济沧海。他终于为狂浪付出了代价，乾元元年（758），永王兵败，李白流放夜郎。

143

明珠暗投，这是他的不幸。

我仍然思念他，常常想他在夜郎如何孤蓬万里、深陷罗网、流浪大荒。忆人成梦，醒而做诗。

　　死别已吞声，生别常恻恻。江南瘴疠地，逐客无消息。故人入我梦，明我长相忆。恐非平生魂，路远不可测。魂来枫林青，魂返关塞黑。君今在罗网，何以有羽翼。落月满屋梁，犹疑照颜色。水深波浪阔，无使蛟龙得。（《梦李白二首·其一》）

　　浮云终日行，游子久不至。三夜频梦君，情亲见君意。告归常局促，苦道来不易。江湖多风波，舟楫恐失坠。出门搔白首，若负平生志。冠盖满京华，斯人独憔悴。孰云网恢恢，将老身反累。千秋万岁名，寂寞身后事。（《梦李白二首·其二》）

近来我时时真切感受到，比起死别，生离常令人更加伤悲。人和人永不能相见的痛苦，虽然创伤巨大，却可以用时光缓慢而实在地平复。但生而不见，音讯渺茫，一星的希望，希望正如绝望，尤其生在乱世。

我热爱李白，尤其爱他的决绝。从来没有一个人，能像他那样奇怪而自在。

他可以写出"危楼高百尺，手可摘星辰。不敢高声语，恐惊天上人"这样的诗句，夸张而不羁。他嗜酒如命，每饮必醉，三百六十日，日日醉如泥。

他说"天若不爱酒，酒星不在天。地若不爱酒，地应无酒泉。天地既爱酒，爱酒不愧天"。他也说"兴酣落笔摇五岳，诗成笑傲凌沧州"。他又说"唯愿当歌对酒时，月光长照金樽里"。

相聚时他对酒当歌："两人对酌山花开，一杯一杯复一杯，我醉欲眠卿且去，明朝有意抱琴来。"分别时他以酒为泪："取醉不辞留夜月，雁门中断惜

离群。"

"人分千里外，兴在一杯中。谷鸟吟晴月，江猿啸晚风。平生不下泪，与此泣天宫。"

后世有个叫做余光中的诗人赞他，酒入豪肠，七分酿成了月光。余下的三分啸成剑气。绣口一吐，就是半个盛唐。

真是知己。

李白真可以做到"且乐生前一杯酒，何须身后千载名"，他的酒杯里有整个江山。生而如李白，人间值得。

如今，这白衣飘飘的酒徒竟被流放了，流放到江南山泽、瘴疠之地。我已长久没有他的消息。

移舟泊烟渚，日暮客愁新。

没有无聊的公务，如今我有足够多的时间来回想青春。那些青春的聚会和风吹草动，那些"托交从剧孟，买醉入新丰"的酣畅淋漓。脑海里出现得最多的是李白，我想着想着，睡着了。

在梦里，我终于见到了李白。他还是那样不羁，三杯吐然诺，五岳倒为轻。眼花耳热后，意气素霓生。一身戎衣的李十二，是人是鬼？彼此相隔的，是人世战火，还是空洞的幽冥？

湛湛江水兮上有枫，目极千里兮伤春心，魂兮归来哀江南。他的来处似乎是西南的青枫林，他又要去了，折返的方向是关山的黑地。他不是正在被流放吗？怎能挣脱囹圄，忽然出现在遥远的我的面前？半信半疑之际，我醒了。

今晚月明，清辉满梁，是李白最爱的月光。迷离中，我见到李白，也见到了自己憔悴的容颜。

见到了曾经兰陵美酒郁金香、玉碗盛来琥珀光的盛唐气象，见到了如今城头铁鼓声犹震、匣里金刀血未干的战火连绵，我感到心悸和忧虑。我的朋友，水深浪阔多加小心吧，不要失足喂了蛟龙。

连着三天，我都梦见李白，但日子像浮云般过去，李白并没有归来。

我们都是失意人。我已白发苍苍，并未实现平生志向。才华盖世的他容颜

悴损，高车丽服的显贵却熙攘着京城，"冠盖满京华，斯人独憔悴"。也许正如他所说：千秋万岁名，寂寞身后事。

我所不能预知的是，李白一语成谶。在未来的时光之河里，我与李白，将逐渐浮出水面，成为盛唐诗意的标志。人们会称我们为"李杜"，李白是"诗仙"，我是"诗史"，我们将被誉为唐代诗歌的双子星座。但此生此世，我们依然寂寞而痛苦。

乾元二年（759）春夏间，李白遇赦放还。于是谪仙人自巫山下汉阳，过江夏，复游浔阳等处。但这年七月，我正度陇客秦，在泥泞中跋涉，没能得到李白的消息。

知道他生还是后来的事情了，于是我立即致书问候。

> 凉风起天末，君子意如何。鸿雁几时到，江湖秋水多。文章憎命达，魑魅喜人过。应共冤魂语，投诗赠汨罗。（《天末怀李白》）

凉风是从天的尽头刮来的。经历了生死，李白的心境，不知如何？平坦的命运不能激发人写诗为文，奸佞小人总盼着好人犯错。

李白如屈子，不如投诗汨罗江，一诉衷肠吧。江湖险恶，秋水浪多，我的消息不知几时能传给他？而那个潇洒的李白，大概正"朝辞白帝彩云间，千里江陵一日还"吧。

这段时间，我常久久地陷入回忆之中。在秦州的阴雨里，我的思绪就像雨丝飘荡在空中。路过的人以冷漠穿过它们，飞过的燕子以翅膀掠过它们，一天天明灭的天光浸润过它们。

而这些记忆的画面，总是由张张曾经年少气盛、如今流落颓丧的脸拼成，有张脸尤其让我感到心痛。

如果李白让我感到惋惜，郑虔则令人倍觉凄凉。

天台隔三江，风浪无晨暮。郑公纵得归，老病不识路。昔如水上鸥，今如置中兔。性命由他人，悲辛但狂顾。山鬼独一脚，蝮蛇长如树。呼号傍孤城，岁月谁与度。从来御魑魅，多为才名误。夫子嵇阮流，更被时俗恶。海隅微小吏，眼暗发垂素。黄帽映青袍，非供折腰具。平生一杯酒，见我故人遇。相望无所成，乾坤莽回互。　（《有怀台州郑十八司户（虔）》）

郑虔，现在台州，与我隔着三条江：曹娥江、浙江、长江。江上的浪涛是没有停息的。

如今我们都是被困的兔子，在这漫天战火纷飞中，失去了从前的轻盈。

魑魅魍魉横行。老郑应该每天在辽远海边，黄帽青袍、两眼昏花、头发雪白，做着小官。可叹我和他，均虚度光阴一无所成，只能隔着茫茫大海遥遥相望了。

郑老身仍窜，台州信所传。为农山涧曲，卧病海云边。世已疏儒素，人犹乞酒钱。徒劳望牛斗，无计刷龙泉。　（《所思（得台州郑司户虔消息）》）

念念不忘，必有回响，我竟然得到了老郑的回信。虽然不能改变什么，总算可以得到安慰。

今晚的圆月特别明亮，是白露了。凉风至，白露降，寒蝉鸣，寒冷的季节特别需要温暖，温暖的人情，温和的世道，温情的记忆。

最温情的记忆无非故乡，最牵挂的是我的手足。

我有几个兄弟，如杜观、杜丰、杜占，我们同父异母，年岁相差较多，也并没有自小一起生活。但他们是我的至亲，如兄如弟，如手如足。

今晚，戍楼上的更鼓声，仿佛敲断了人们的来往。

戍鼓断人行，边秋一雁声。露从今夜白，月是故乡明。有弟皆分散，无家问死生。寄书长不达，况乃未休兵。（《月夜忆舍弟》）

秋日边塞，一只孤雁在鸣叫，这只孤雁似我。安史之乱自爆发以来，陕西、山西、河北、河南、山东等地皆成为战场，我跟三个兄弟散若星辰。

杜颖在山东，杜观、杜丰在河南，妹妹嫁到凤阳，我则漂泊在秦州。杜占年幼，故无论颠沛流离总跟着我。其余几人，则被这缭绕不绝的战火分隔。

战乱频仍，家书常常不能送到。蒹葭苍苍，白露为霜，所谓伊人，在水一方。世道如此，有兄弟如同没有，有家更如无家。

十月，因同谷县令邀请，我举家去了同谷。茅屋之趣，竹林之想，满谷云起，侵篱涧悬，暂且别过。

定居草堂

我们在秦州前后住了三个月。听说同谷物产丰富，山水优美，宜室宜家。反复思量后，乾元二年（759）十月，我们决计启程去同谷，我们甚至计划卜居于同谷县以东五十里的栗亭。

临走，我去跟赞上人告别。

> 百川日东流，客去亦不息。我生苦漂荡，何时有终极。赞公释门老，放逐来上国。还为世尘婴，颇带憔悴色。杨枝晨在手，豆子雨已熟。是身如浮云，安可限南北。异县逢旧友，初欣写胸臆。天长关塞寒，岁暮饥冻逼。野风吹征衣，欲别向曛黑。马嘶思故枥，归鸟尽敛翼。古来聚散地，宿昔长荆棘。相看俱衰年，出处各努力。（《别赞上人》）

再次来到他的寺院，清冷的心也热烈起来。年轻时，没人会懂暮年相别的悲哀和坦然。

回想半生，有过太多聚散。如今双手空空，一无所有，唯一能够肯定的是，不舍的人事、难忘的际遇、曾在我心上荡起涟漪的一切，都会过去。

每次相见都意味着离别，每次离别，都可能是永远。

我和赞上人在寺院里踱步。秋天的寺院有种更加凝重的凛然，佛像庄严如

故，但都不及我与赞上人此时的心情沉重。

站在寺院墙边，看看墙外的山与树，曾经的京都往事、短暂的秦州时光从彼此心头一一掠过。

他乡遇故知，本来是多么美好的事。但身如浮云，我又要离开了。我与赞上人道别，踏上了归途。那曾不止一次带着些许慰藉走过的归途，也许今生再也不会有第二次。

野风吹征衣。

我们在一个半夜启程。走了七里路程，来到赤谷，从此尽是艰险山路。

> 山风吹游子，缥缈乘险绝。峡形藏堂隍，壁色立积铁。径摩穹苍蟠，石与厚地裂。修纤无垠竹，嵌空太始雪。威迟哀壑底，徒旅惨不悦。水寒长冰横，我马骨正折。生涯抵弧矢，盗贼殊未灭。飘蓬逾三年，回首肝肺热。（《铁堂峡》）

烈烈山风，吹不醒游子。此去一路过盐井，寒峡，经法镜寺，青阳峡，龙门镇，石龛，积草岭，泥功山，到凤凰台。

> 亭亭凤凰台，北对西康州。西伯今寂寞，凤声亦悠悠。山峻路绝踪，石林气高浮。安得万丈梯，为君上上头。恐有无母雏，饥寒日啾啾。我能剖心出，饮啄慰孤愁。心以当竹实，炯然无外求。血以当醴泉，岂徒比清流。所贵王者瑞，敢辞微命休。坐看彩翮长，举意八极周。自天衔瑞图，飞下十二楼。图以奉至尊，凤以垂鸿猷。再光中兴业，一洗苍生忧。深衷正为此，群盗何淹留。（《凤凰台》）

到同谷，我在万丈潭北凤凰台下暂居。但我的人生到此，总是事与愿违，同谷县不是桃源。

我期待的温情没有出现，我渴望的乐土也消失了。同谷县比秦州更加扰攘

艰难，风尘之际，我只剩短衣对山雪，乱发号天风，日日负薪拾橡，号饥呻寒。

文士穷愁，莫此为烈。

天寒日暮山谷里。

有客有客字子美，白头乱发垂过耳。岁拾橡栗随狙公，天寒日暮山谷里。中原无书归不得，手脚冻皴皮肉死。呜呼一歌兮歌已哀，悲风为我从天来。(《乾元中寓居同谷县作歌七首·其一》)

妻儿随我长途奔波，又饥肠辘辘，家徒四壁，我感到十分愧疚。

长镵长镵白木柄，我生托子以为命。黄独无苗山雪盛，短衣数挽不掩胫。此时与子空归来，男呻女吟四壁静。呜呼二歌兮歌始放，邻里为我色惆怅。(《乾元中寓居同谷县作歌七首·其二》)

生活如此这般窘迫，却一无援手。兄弟相隔，手足分散。

有弟有弟在远方，三人各瘦何人强。生别展转不相见，胡尘暗天道路长。前飞鸳鹅后鹜鸧，安得送我置汝旁。呜呼三歌兮三发，汝归何处收兄骨。(《乾元中寓居同谷县作歌七首·其三》)

有妹有妹在钟离，良人早殁诸孤痴。长淮浪高蛟龙怒，十年不见来何时。扁舟欲往箭满眼，杳杳南国多旌旗。呜呼四歌兮四奏，林猿为我啼清昼。(《乾元中寓居同谷县作歌七首·其四》)

同谷县仇池四山，回合如环。南对鸡峰之翠，东跨凤岭之云，西枕石嘴之头，北倚香水之洞。原本是兰叶葳蕤、桂华皎洁的胜景，于我却像围困的

石牢。

没有吃的，没有生计，邻里为我颜色惆怅。

这天夜里，回想所历诸事，我难以入眠。

> 四山多风溪水急，寒雨飒飒枯树湿。黄蒿古城云不开，白狐跳梁黄狐立。我生何为在穷谷，中夜起坐万感集。呜呼五歌兮歌正长，魂招不来归故乡。（《乾元中寓居同谷县作歌七首·其五》）

值此寒风飒飒，百树起舞，我的思绪，又被牵扯到云端。

家国皆不幸。不知朝廷此时如何？"昭阳殿里恩爱绝，蓬莱宫中日月长。"失去贵妃、又失去江山的玄宗皇帝过得好吗？那些奸佞小人依然甚嚣尘上吗？肃宗皇帝是否依然励精图治？

> 南有龙兮在山湫，古木巃嵸枝相樛。木叶黄落龙正蛰，蝮蛇东来水上游。我行怪此安敢出，拔剑欲斩且复休。呜呼六歌兮歌思迟，溪壑为我回春姿。（《乾元中寓居同谷县作歌七首·其六》）

而我已经离朝堂越来越远了。明君还未得到我的辅佐，岁月的车轮已经尽情碾过了我。

> 男儿生不成名身已老，三年饥走荒山道。长安卿相多少年，富贵应须致身早。山中儒生旧相识，但话宿昔伤怀抱。呜呼七歌兮悄终曲，仰视皇天白日速。（《乾元中寓居同谷县作歌七首·其七》）

七支长歌，呜呼哀哉。

出乎意料的贫病交加、饥寒煎迫，我没法待在同谷，不到一个月，我毅然赴蜀。乾元二年（759）十二月一日，我们出发了，我离故乡越来越远。

当年孔圣人为治世救民，周游列国，游说诸侯，每至一地，饭灶上的烟囱尚未熏黑，屋内坐席还没坐热，就又离开他往。他们为兴世利民四处奔走，而我等饥愚之人，何敢安居？

也只好为糊口而流浪。

> 贤有不黔突，圣有不暖席。况我饥愚人，焉能尚安宅。始来兹山中，休驾喜地僻。奈何迫物累，一岁四行役。忡忡去绝境，杳杳更远适。停骖龙潭云，回首白崖石。临岐别数子，握手泪再滴。交情无旧深，穷老多惨戚。平生懒拙意，偶值栖遁迹。去住与愿违，仰惭林间翮。（《发同谷县（乾元二年十二月一日自陇右赴剑南纪行）》）

经过了木皮岭，度过了白沙渡和水会渡，来到栈道。走过栈道，到了桔柏渡，不久便到了剑门关。经过鹿头山，终于到达成都。

> 翳翳桑榆日，照我征衣裳。我行山川异，忽在天一方。但逢新人民，未卜见故乡。大江东流去，游子日月长。曾城填华屋，季冬树木苍。喧然名都会，吹箫间笙簧。信美无与适，侧身望川梁。鸟雀夜各归，中原杳茫茫。初月出不高，众星尚争光。自古有羁旅，我何苦哀伤。（《成都府》）

我们是傍晚到达的。经过千辛万苦，乾元二年（759）岁末，四十八岁的我终于再次到达他乡。

桑榆日晚，却不乏温暖地映照着我的衣裳。奔流的岷汗水，如同我一直以来不曾停息的流浪。成都，这座有名的都会，全无半点深冬气息，树木葱葱、笙簧响亮。虽然天下战乱，此地却歌舞升平，仿佛这世上从来没有战争。

成都府蜀郡，玄宗曾来此避乱，至德二载（757）十二月升为南京。我来的时候，正是南京，成都的安逸宁静使我的心落回到胸膛里。

我几乎笃定将要在此度过不短的时日，这一重心思甫定，我又开始惆怅几

时能返故乡。

暂且安顿吧，自古有羁旅，我何苦哀伤？

我们到的时候是年底。第二年，上元元年（760）四月，李光弼破史思明于河阳西渚，斩首千五百余级，战火依然如火如荼。

初到成都，我们落脚在城西七里浣花溪畔的草堂寺，一直住到次年春天。当时高适正在做彭州刺史，听说我来了，便写了诗来。我回信告诉他，我在成都过上了好日子，裴冕安置了我。

> 古寺僧牢落，空房客寓居。故人供禄米，邻舍与园蔬。双树容听法，三车肯载书。草玄吾岂敢，赋或似相如。（《酬高使君相赠》）

至德元年（756），裴冕以御史中丞拥立肃宗，以定策之功授为中书侍郎、同中书门下平章事。乾元二年（759），裴冕改任御史大夫、成都尹、剑南西川节度使，剑南道观察使。

裴冕此人，世人褒贬不一。裴冕以门荫入仕，虽无学术，却恪守职责，且处事果断，深受御史中丞王鉷器重。天宝十一载（752），王鉷因其弟谋反受牵连，宰相李林甫进言，王金共被玄宗赐死。当时，李林甫独揽朝政，百官畏惧，裴冕却不顾而前去，并亲手将王鉷埋葬。

裴冕爱财重利，以至不顾宰相大体。他兼领多项使职，当得知自己每月俸禄两千多贯，竟喜形于色，炫耀不已。裴冕曾建议卖官鬻爵及僧道度牒，以此积聚钱财，充作军费，然而实施中以法令低价强卖，引起时人非议。

裴冕生性奢侈，酷爱香车华服，家中价值百金的名马有几十匹之多。每宴宾朋，席间尽是美味，客人莫知其菜名。他还自制形状新奇之头巾，被人争相效仿，人称"仆射样"。

无论怎样，有了裴冕的照顾，我终于安定下来，我开始筹划在成都西郊浣花溪边盖草堂。

浣花溪水水西头，主人为卜林塘幽。已知出郭少尘事，更有澄江销客愁。无数蜻蜓齐上下，一双鸂鶒对沉浮。东行万里堪乘兴，须向山阴上小舟。（《卜居》）

　　浣花溪离佛寺不远，有树林池塘，是一处城外幽静地，又名百花潭。锦江水蜿蜒而过，正可一洗客愁。蜻蜓无数，鸳鸯出没。兴之所至，便可自这里顺水推舟，东行万里，前往会稽。

　　在成都我颇不孤单。我的表弟王十五、成都府司马常来看我，他也支持我修建草堂。

　　飘零太久，我想要一座无所不有的草堂。仗着裴冕的厚爱，我问某县令要了几棵桃树苗，又问绵竹县令要了绵竹。问涪城县尉要几棵松树苗，问徐卿要了果树苗，还问韦班要了几只碗。这年暮春，草堂终于落成。

　　背郭堂成荫白茅，缘江路熟俯青郊。桤林碍日吟风叶，笼竹和烟滴露梢。暂止飞乌将数子，频来语燕定新巢。旁人错比扬雄宅，懒惰无心作解嘲。（《堂成》）

　　我盖了一座白色的草堂，背向城郭，邻近锦江，在沿江大路高处，桤林深处。

　　从草堂可以俯瞰郊野青葱的景色。桤林茂密，阳光难以照进，漠漠轻烟笼罩。如此安静，甚至能听到风吹动树叶、露水滴到树梢的声音。

　　草堂落成后，乌鸦翔集，燕子筑巢。竟有旁人把草堂错比成扬雄的草玄堂，我不想辩解什么，适意就好。到此刻，我才终于感到手中握住了一丝生趣。

上元元年（760）夏天，我向往已久的草堂生活正式开启了。

　　清江一曲抱村流，长夏江村事事幽。自去自来梁上燕，相亲相近水中鸥。老妻画纸为棋局，稚子敲针作钓钩。但有故人供禄米，微躯此外更何求？（《江村》）

清晨和夜晚，我不止一次站在草堂外，无声地看锦江水绕村流淌。天边树若荠，江畔洲如月，水声潺潺，奔流在这长长夏日，更觉乡村无比宁静。我的心已很久没有如此快乐过了。

午后，草堂内外有种特别的默契。梁上燕子自在飞着，水中白鸥嬉戏着。屋内，老妻正在用纸画一张棋盘，调皮的小儿敲打着针，要作成钓鱼的钩子。

生事且弥漫，愿为持竿叟。

看着这一切，我心满意足地喘了口气，已经太长的时日，没有这样的喘息。

几年来，我拖家带口、离乡背井，在山间、在水上、在风中、在雨里急行。凄凄去亲爱，泛泛入烟雾，急急如丧家之犬，始终寻不到立锥之地。

如今草堂初成，有花有树，有茅草房遮风避雨，有老友给予钱米糊口度

日。西岭北面可望，战火远在天边，我打算在此地长住。

安顿下来之后，我便开始东奔西走。

我急于了解这座在世变中得以幸存的都会，也急于呼吸久别的踏实与自由。

成都多雨而美。四月的一天，我路经犀浦，一个繁荣的镇子，此时梅子满树。但见："南京犀浦道，四月熟黄梅。湛湛长江去，冥冥细雨来。茅茨疏易湿，云雾密难开。竟日蛟龙喜，盘涡与岸回。"（《梅雨》）

镇上同样可见深沉而清澈的河水，一路流向长江。走近了看，河流湍急，仿佛蛟龙戏水，激起一个个旋涡，冲向河岸又不断冲刷而回。

细雨蒙蒙，天空昏黄。成都的雨缺乏攻击性，柔和亲切。雨中一座座茅草屋顶湿润如烟，山间云雾弥漫。蜀中四月，春水盈野，一派烟波浩渺。

成都城外，昭烈庙西，柏树最茂密的地方，便是三国蜀汉丞相武侯诸葛亮的祠堂。诸葛亮，字孔明，号卧龙。早年随叔父诸葛玄到荆州。诸葛玄死后，诸葛亮便隐居襄阳隆中，闲依农圃邻，偶似山林客。

后刘备三顾茅庐请出诸葛亮，联孙抗曹，于赤壁之战大败曹军，形成三国鼎足之势，又夺占荆州、取益州，夺得汉中。刘备在成都建立蜀汉政权，诸葛亮被任命为丞相，主持朝政。

蜀后主刘禅继位，诸葛亮被封为武乡侯，领益州牧。

诸葛一生谨慎，事必躬亲，终因积劳成疾，病逝于五丈原。刘禅追封其为忠武侯，世称武侯。

草堂建好不久，我便去了武侯祠堂。我要去凭吊那"鞠躬尽瘁，死而后已"的孔明，凭吊他曾经"运筹帷幄之中，决胜千里之外"的风姿。

丞相祠堂何处寻，锦官城外柏森森。映阶碧草自春色，隔叶黄鹂空好音。三顾频烦天下计，两朝开济老臣心。出师未捷身先死，长使英雄泪满襟。（《蜀相》）

祠堂里，碧草掩映台阶，露出点点春色，树上黄鹂隔叶婉转鸣唱。我的耳边响起那篇名垂千古的《出师表》："臣本布衣，躬耕于南阳，苟全性命于乱世，不求闻达于诸侯。先帝不以臣卑鄙，猥自枉屈，三顾臣于草庐之中，咨臣以当世之事，由是感激，遂许先帝以驱驰。后值倾覆，受任于败军之际，奉命于危难之间，尔来二十有一年矣。"

诸葛何幸，得刘备三顾茅庐拜访。刘备何幸，得孔明辅佐两朝开国与继业。可惜的是，诸葛出师伐魏未捷而病亡军中。壮志未酬身先死，令人泪下。

我在丞相祠堂里徘徊良久，在葱郁而苍劲的柏树林里独自缓步而行。

想其济世雄才、忠君爱国，悯其呕心沥血、功业未遂。看碧草青青，春天已至。想安史之乱未平，山河仍然破碎，人民流离失所，国家中兴渺茫，无比惆怅。想我避乱蜀中，无所作为，不禁黯然泪下。

除了诸葛亮，成都还有司马相如。

司马相如字长卿，蜀郡成都人，西汉辞赋大家，扬雄赞其赋"长卿赋不似从人间来，其神化所至邪"！后世称"赋莫若司马相如，文莫若司马迁"。相如少年时代喜欢读书练剑，二十多岁时买官，为汉景帝武骑常侍，因病免。

景帝不好辞赋，故司马相如怀才不遇，但武帝刘彻欣赏司马相如所做《子虚赋》，在位后封他为郎。

建元六年（前135），唐蒙受命掠取和开通夜郎及僰中，征发巴、蜀二郡官吏士卒上千人，又征调陆路及水上的运输人员一万多人，巴、蜀百姓为之震恐。

武帝派相如前去安抚，司马相如发布了《谕巴蜀檄》，恩威并施，遂使巴蜀平安。又曾持节出使西南夷，团结西南夷民族统一于大汉疆域，为"安边功臣"。

成都还有一段司马相如与卓文君的佳话。相如微时，与临邛令王吉交好，受邀来此长住。

临邛富人卓王孙得知县令有贵客，便设宴结交。

司马相如琴艺精湛，曾因《如玉赋》博梁王欢心，梁王以珍藏的传世名琴"绿绮"回赠。

主人邀请相如抚琴。时卓王孙有女文君，新寡。久闻相如文采，遂从屏风外窥视。司马相如同样早闻卓文君芳名，便借机弹奏《凤求凰》，曲调音节浏亮，感情热烈奔放而又深挚缠绵。

文君由是夜奔相如。

卓王孙闻讯怒其不争，起初不愿接济，司马相如只好与文君一起到临邛当垆卖酒。后卓王孙爱女心切，心意回转，送二人奴仆百人，铜钱百万。卓文君和司马相如便回到成都，过上富足生活。而当年司马相如弹琴之地，便在浣花溪北。

游过了本地名胜，我更多时候在草堂前的江边漫步。

> 野老篱前江岸回，柴门不正逐江开。渔人网集澄潭下，贾客船随返照来。长路关心悲剑阁，片云何意傍琴台。王师未报收东郡，城阙秋生画角哀。（《野老》）

江岸回曲，竹篱茅舍，笑我柴门歪斜，迎着大江。百花潭的渔民们正欢快地下网捕鱼，艘艘商船在晚霞里纷纷靠岸。

看船来船往，我总是不由自主思量回乡之路。然而剑门失守，归路断绝。局势危急，长有隐忧，我这浮云般的漂泊之身也只好滞留蜀中。

去年洛阳再次失陷后，至今尚未光复，西北方面的吐蕃又虎视眈眈，蜀中也隐伏战乱的危机。我思量着，听到萧瑟秋风中的墙头传来画角声，凄切悲凉。

草堂落成后，我一直打算到村子周围看看。秋来，便尝试沿浣花溪绕村之舟。

落景下高堂，进舟泛回溪。谁谓筑居小，未尽乔木西。远郊信荒僻，秋色有余凄。练练峰上雪，纤纤云表霓。童戏左右岸，罟弋毕提携。翻倒荷芰乱，指挥径路迷。得鱼已割鳞，采藕不洗泥。人情逐鲜美，物贱事已睽。吾村爱暝姿，异舍鸡亦栖。萧条欲何适，出处庶可齐。衣上见新月，霜中登故畦。浊醪自初熟，东城多鼓鼙。（《泛溪》）

村子果然不小。我划过西边丛生的乔木，看秋色仍然停留在树叶上。远处山峰上还有雪迹，云层上映射出点点虹霓，参差落景道。

残荷满塘，孩子们在河水岸边泥地里嬉戏。然而罟以取鱼，弋以取鸟，翻荷采藕，本取鲜美。如今伤鳞带泥，未免美中不足。孩子们开心地指挥我行船，我们却因此迷了路，待溯溪而回，已经新月初上了。

有时我也进城，参加一些官场应酬。回来往往很晚，心境也变得黯淡。

霜露晚凄凄，高天逐望低。远烟盐井上，斜景雪峰西。故国犹兵马，他乡亦鼓鼙。江城今夜客，还与旧乌啼。（《出郭》）

每次从城里回家，走在凄清寒霜里，看天空渐渐低下去，心情也渐渐低落下去。盐井上空一片晚烟沉沉，远方的雪山西侧，有夕阳正在落下。

眼看着洛阳安史之乱余波未平，我寄寓的这片蜀地土蕃之患又起，我生之朝代真是万方多难。羁旅锦城的我，今夜又只得与草堂乌鸦悲声相和了。

上元二年（761），我第二次去了附近的新津，我登上了四安寺钟楼。

暮倚高楼对雪峰，僧来不语自鸣钟。孤城返照红将敛，近市浮烟翠且重。多病独愁常阒寂，故人相见未从容。知君苦思缘诗瘦，太向交游万事慵。（《暮登四安寺钟楼寄裴十迪》）

新津的裴迪是旧人，他是王维多年的朋友，曾经与王维一起隐居终南山。

前阵我们曾经同游新津，不过此时他在蜀州，故我一人前来。

近来真是多病多愁，我一个人在四安寺钟楼里待到黄昏。脑海思绪翻滚，却又什么都抓不住。天色渐晚，有僧人从僧房里出来，他沉默着经过我，敲响了寺里那口大钟。

钟声从庙里响起，冲上了高空。然后传出去，辽远了。夕阳照耀着孤城，照耀着钟楼，也照耀着我这孤单的人。

我能望见江上袅袅的烟雾，笼罩着城里重重翠色。我想我的友人大概正在为诗句苦思消瘦，无心交游吧。

中原未定，干戈不止，山河破碎，民生多艰。我流落西南，满腔忧愤，无由排解，只好终日徜徉于山水之间。

我两度游览了修觉寺，修觉寺在县城东南五里的修觉山上。

> 野寺江天豁，山扉花竹幽。诗应有神助，吾得及春游。径石相萦带，川云自去留。禅枝宿众鸟，漂转暮归愁。（《游修觉寺》）

> 寺忆曾游处，桥怜再渡时。江山如有待，花柳自无私。野润烟光薄，沙暄日色迟。客愁全为减，舍此复何之？（《后游》）

再上修觉山，心中充满感动，曾经见过的修觉寺和桥，再见颇为亲切。

在被放逐多年后，在阅尽世态炎凉之后，我有种被欢迎被接纳的欣喜。美好的江山等我，春花以灿烂迎接我，柳枝轻巧温柔待我。

这般明媚美好，我在修觉寺里消磨了整个晡昏。如纱的晨曦，傍晚的余晖，薄暮与烟光，全部饱含温情热忱。如此美景良辰，旅居的愁闷因此瞬间消失了，仿佛此地便是故乡。

我在成都

久违的田园生活没有幸福太久。

我的草堂，在万里桥以西。当年，诸葛亮在桥上送费祎出使东吴，费祎叹曰："万里之行，始于此桥。"桥由此得名。

> 万里桥西一草堂，百花潭水即沧浪。风含翠篠娟娟净，雨裛红蕖冉冉香。厚禄故人书断绝，恒饥稚子色凄凉。欲填沟壑唯疏放，自笑狂夫老更狂。（《狂夫》）

杜子美的草堂无人造访，百花潭水就是我的沧浪。沧浪之水清兮，可以濯我缨。沧浪之水浊兮，可以濯我足。

翠竹入风，粉荷入雨，清香阵阵，这是斜风细雨天。草堂极美，浣花溪极秀丽。

可是裴冕卸任回京去了，我开始断粮断炊。

接济我的友人严武等一时无音讯，看着挨饿的儿子小脸凄凉，我无能为力，愧疚而感伤。

我这把老骨头快要扔进沟里了，无官无钱，只剩狂放。忧患饱经，老而不死，更狂更倔强。

但时不时陷入的饥肠辘辘，催促着我。

今早起来，我便给在彭州的高适去信求助，他如今是彭州刺史。"百年已过半，秋至转饥寒。为问彭州牧，何时救急难。"不出所料，很快高适便送来了钱粮。

上元二年（761），蜀中也发生了战乱。正月初七那天，高适写了首诗寄给我，读罢，我涕泗滂沱。他是这样写的：

> 人日题诗寄草堂，遥怜故人思故乡。柳条弄色不忍见，梅花满枝空断肠。身在远藩无所预，心怀百忧复千虑。今年人日空相忆，明年人日知何处。一卧东山三十春，岂知书剑老风尘。龙钟还忝二千石，愧尔东西南北人。（《人日寄杜二拾遗》）

是的，自年少离乡游历，不觉已经三十年了。三十年过去，朋辈都在为朝廷效力，我依然书剑风尘，我们共同的故乡依然回不去。

乡愁满腔。

宝应元年（762）春，春暖花开，江花怒放。

近日我内心烦闷异常，欲诉无人，只得胡乱走走。"江上被花恼不彻，无处告诉只颠狂。"一时兴起，我想去找南邻斛斯融，对酌解愁。孰料斯人先我一步，十天前便外出饮酒作乐去了。

我心潮起伏地走在盛放花朵的江边，心里颇为畏惧这扑面而来的春天。也许我老了，也许安宁来得太突然，我深觉今年的春天尤其美艳。所幸眼下，"诗酒尚堪驱使在，未须料理白头人"。不需顾虑这簇簇繁华中的我鬓发新白。

深江岸，静竹林，散着两三户人家，屋外长满撩人的红花、白花。如此春光，只盼美酒趁年华。

江深竹静两三家，多事红花映白花。报答春光知有处，应须美酒送生涯。（《江畔独步寻花七绝句·其三》）

东望少城花满烟，百花高楼更可怜。谁能载酒开金盏，唤取佳人舞绣筵。（《江畔独步寻花七绝句·其四》）

黄师塔前江水东，春光懒困倚微风。桃花一簇开无主，可爱深红爱浅红？（《江畔独步寻花七绝句·其五》）

黄四娘家花满蹊，千朵万朵压枝低。留连戏蝶时时舞，自在娇莺恰恰啼。（《江畔独步寻花七绝句·其六》）

少城鲜花如烟，黄师塔前江水沐浴着春风，黄四娘家门前的小路已被花朵遮蔽。

筵上美人、无主桃花，彩蝶与黄莺，都在这深深浅浅、千朵万朵中与春光共舞。我并非爱花欲死，只是担忧花尽时迁老境来逼。

不是爱花即欲死，只恐花尽老相催。繁枝容易纷纷落，嫩蕊商量细细开。（《江畔独步寻花七绝句·其七》）

算是我最后的倔强吧，我写绝句，总不纯为歌唱，常常出现拗句，又常用狠语，语不惊人死不休。

三国蜀汉时管理织锦之官驻此，故成都又称锦官城，而美丽的锦官城又下雨了。

好雨知时节，当春乃发生。随风潜入夜，润物细无声。野径云俱黑，江船火独明。晓看红湿处，花重锦官城。（《春夜喜雨》）

164

春雨令人快乐，仿佛应时而下，滋润万物萌发。它总在夜里，随一阵春风悄然而至。雨夜田间，小路隐藏在黑色里，唯江船灯火独自闪烁。明日晨起，雨湿花丛，使整个锦官城变得美丽而沉重。

雨后的浣花溪在幽静里藏着生机勃勃。"嫩枝黄鸟近，泛渚白鸥轻。一径野花落，孤村春水生。"（《遣意二首》）遍地野花，呼应着春水的荡漾。

天气好的时候，我终于迎来了客人，是崔县令。

> 舍南舍北皆春水，但见群鸥日日来。花径不曾缘客扫，蓬门今始为君开。盘飧市远无兼味，樽酒家贫只旧醅。肯与邻翁相对饮，隔篱呼取尽余杯。（《客至》）

我正为草堂南北春水初涨、鸥群日日结队来见而欢喜，县令大人便不期而至。长久以来，草堂前的花径不曾打扫，紧闭的柴扉不曾打开，今天，我终于开启了孤寂。

草堂远离闹市，家中没有备着佳肴，原本家底太薄，能捧出的也只是陈酒。然而我与崔县令，"山为樽，水为沼，酒徒历历坐洲岛"，真是尽兴。我们还隔着篱笆，唤隔壁老翁，同尽余杯。

那天儿子敲了个鱼钩，今天江上值水如海势，我便趁着春潮涨起，来江边垂钓。

> 为人性僻耽佳句，语不惊人死不休。老去诗篇浑漫兴，春来花鸟莫深愁。新添水槛供垂钓，故着浮槎替入舟。焉得思如陶谢手，令渠述作与同游。（《江上值水如海势聊短述》）

五十一岁的我真的变了。从前最喜苦思佳句，语不惊人死不休，如今人渐衰老，写诗就开始漫不经心。春花翠鸟，已引不起我的深愁。

江边新装了木栏，我可悠然垂钓，我粗备了一只木筏，可算作出入江河的小舟。我想，如有陶潜、谢灵运这样人物同在，倒是会与我作诗畅谈，浮槎漫游。

其实浣花村落，没有几户人家。一位归田县令，一位朱山人，一位斛斯融，人烟稀少。草堂因此称得上庭院开阔，一望无际。

上元二年（761），经过一番经营，草堂初具规模。

> 去郭轩楹敞，无村眺望赊。澄江平少岸，幽树晚多花。细雨鱼儿出，微风燕子斜。城中十万户，此地两三家。

> 蜀天常夜雨，江槛已朝晴。叶润林塘密，衣干枕席清。不堪祗老病，何得尚浮名。浅把涓涓酒，深凭送此生。（《水槛遣心二首》）

此地江水很高，几乎与两岸齐平。如今树木葱茏，开满鲜花。

我喜欢于细雨蒙蒙里看鱼儿欢快地跃出水面，荡起的涟漪时隐时现。我喜欢微风习习中燕子倾斜着掠过天空。

成都城里拥挤着十万人家，熙熙攘攘。浣花溪边却只有两三灯火，正好清闲自在。

此地夜雨繁多，却点到即止，总是一俟清晨便放晴。树林里还密密麻麻布满水洼，我的衣服和枕席却已经干了。

如今我已体弱多病，早就看轻功利与浮名。且徐徐饮酒，借它伴我度余生。

我现在常常寄情诗酒，似陶渊明一般。但秋天渐近，我有两件事不开心：一是花谢，一是年老。

年纪大了，人会更加热爱春天，总希望身边永远是温暖和煦的时光。

然而希望总是希望，回想半生欢乐的时光，如今都已今非昔比。能够宽心

的莫非酒，能够遣兴的莫过诗。这样的心情，我想那写下"忽与一觞酒，日夕欢相持"的陶潜最能了解。

我曾经去了青城山，在那里，我听到了族弟杜位的消息。

杜位是李林甫的女婿。因为李的缘故坐流放岭南新州新昌郡十年，如今得到宽赦，已量移江陵。听到这消息，我陡然想起当年在长安，我曾在他家中守岁，度过一些美好的时光。

当然要写信致意。

近闻宽法离新州，想见怀归尚百忧。逐客虽皆万里去，悲君已是十年流。干戈况复尘随眼，鬓发还应雪满头。玉垒题书心绪乱，何时更得曲江游。（《寄杜位（位京中宅近西曲江，诗尾有述）》）

杜位是流放，我则被放逐，同是天涯沦落人，真不知"何时更得曲江游"。

入秋以来，风雨渐盛。春天时那些柔情蜜意，如今都化为了飒飒秋风。

草堂初建时，原有一棵楠树，据说已经两百年了。此树树干很高，树冠很大，亭亭如盖，我便依着它盖了草堂。

平常我喝了酒，便坐在树下小憩。也许楠树生香，往往很快酒醒。没想到，一夜秋风，使这楠树拔根而起。

倚江楠树草堂前，故老相传二百年。诛茅卜居总为此，五月仿佛闻寒蝉。东南飘风动地至，江翻石走流云气。干排雷雨犹力争，根断泉源岂天意。沧波老树性所爱，浦上亭亭一青盖。野客频留惧雪霜，行人不过听竽籁。虎倒龙颠委榛棘，泪痕血点垂胸臆。我有新诗何处吟，草堂自此无颜色。（《楠树为风雨所拔叹》）

想这楠树树大荫浓，可避雪霜，故野老频留树下。树高迎风，如吹笙竽，

故行人低回倾听，不忍即过。如今这人见人爱的楠树一夕尽毁，我十分伤心，仿佛被拔起的是我的心。

我不知道的是，这只是开始，还有更大的风暴等着我。

八月秋高风怒号，卷我屋上三重茅。茅飞渡江洒江郊，高者挂罥长林梢，下者飘转沉塘坳。南村群童欺我老无力，忍能对面为盗贼，公然抱茅入竹去。唇焦口燥呼不得，归来倚杖自叹息。俄顷风定云墨色，秋天漠漠向昏黑。布衾多年冷似铁，娇儿恶卧踏里裂。床头屋漏无干处，雨脚如麻未断绝。自经丧乱少睡眠，长夜沾湿何由彻？安得广厦千万间，大庇天下寒士俱欢颜，风雨不动安如山。呜呼！何时眼前突兀见此屋，吾庐独破受冻死亦足！（《茅屋为秋风所破歌》）

浣花溪，深秋八月的一个夜晚，忽然起了狂风。我的草堂，屋顶上数层茅草被高高卷起，飞过了浣花溪，茅草散落在对岸江边。高的缠绕树梢，低的飘落到池塘和洼地。

这真是飞来横祸。次晨我拄着拐杖出门，着急地想去找回茅草。然而衰老的我，只能眼睁睁看着南村一群顽童，争相抱起茅草跑进竹林里去了。

我费尽口舌，哪里喝止得住，只能叹息着，慢慢回家。

不久，风停了，云如墨色一样黑，天又下起了雨。家里的布被已盖了多年，此刻如铁，又冷又硬。孩子睡姿不好，东倒西歪，却又把被子蹬破了。

大风破屋，大雨又接踵而至，祸不单行。

没了茅草的草堂什么都挡不住，雨点像麻线一样不停漏进来，屋里已经没有一点儿干燥的地方。自从安史之乱后，我的睡眠渐少，今晚，不知如何捱过这潮湿漫长的夜？

黑暗里枯坐，我想不知这世上有多少人如我，流离失所，内心一阵悲愤。我忽发奇想，"安得广厦千万间，大庇天下寒士俱欢颜，风雨不动安如山"。若能如此，即使将我的茅屋吹破，即使我受冻而死，也心甘情愿。

并没有真正的桃源。从那个风雨的秋夜开始，我的忧愁又回来了。

> 忆年十五心尚孩，健如黄犊走复来。庭前八月梨枣熟，一日上树能千回。即今倏忽已五十，坐卧只多少行立。强将笑语供主人，悲见生涯百忧集。入门依旧四壁空，老妻睹我颜色同。痴儿不知父子礼，叫怒索饭啼门东。（《百忧集行》）

生活的煎忧又开始侵袭了我。总不能只靠朋友接济，为了养家糊口，不得已，我开始了清客生涯，充当幕僚，仰人鼻息，勉强度日。

有时，我会陷入回忆，会将从前事一一回想，从十五岁的我，到五十岁的我。

年少时无忧无虑，体魄强健，精力充沛，真是朝气蓬勃。那时候，每当梨枣成熟季节，为了那一点口腹之欲，我会频频上树摘取，一日千回。如今年老力衰，行动不便，坐卧多而行立少。一生不甘俯首低眉，老来却强作笑语，迎奉主人。

想及此，我不禁悲从中来，忧伤满怀。

每进家门，四壁依旧空空，家无余粮，一贫如洗。老夫老妻，相对无言，只见彼此满面愁倦。痴儿幼稚无知，饥肠辘辘，正对着东边的厨门，啼叫发怒。

这段时间蜀州不宁静。

上元二年（761）四月，东川节度使李奂奏请撤换剑南节度使段子璋，引发了段子璋的报复。段子璋举兵，袭李奂于绵州，拉开了三川节度使造反的序幕。段子璋部众路过遂州时，刺史虢王李巨按属郡礼节迎接，却被段子璋杀死。

李、段举兵相攻。李奂后败逃成都，段子璋占领绵州，自称梁王，改元黄龙，拉起了反唐大旗，不久又攻陷剑州。至五月，幸得西川节度使崔光远率部与李奂共同攻克绵州，擒杀段子璋。

崔光远世代有段传奇的故事。当年中宗李显在房州，崔光远的祖父崔敬嗣担任房州刺史。

官吏对中宗多有放肆、怠慢，唯独崔敬嗣全心拥戴。到中宗复位，有个和崔敬嗣同名同姓的人，每次任命官职，中宗就破格提拔，后来召见他，才知道弄错了。再寻找旧日的崔敬嗣，发现他已经去世，于是提拔他的儿子崔汪担任五品官。

崔汪即崔光远之父。

崔光远身长六尺，眼睛黑白分明，性情勇敢果断。围剿段子璋之际，西川军牙将花敬定纵容士兵大肆掳掠，残杀数千人。崔光远不能禁止，以至士兵砍断百姓手腕抢夺金臂钏。肃宗下诏缉拿崔光远，他因此忧虑而死。

花卿即为成都尹崔光远的部将花敬定。花因平叛立过功，居功自傲，骄恣不法，放纵士卒大掠东蜀。又目无朝廷，僭用天子音乐。我不过是清客，仍然忍不住写诗讽刺他。

锦城丝管日纷纷，半入江风半入云。此曲只应天上有，人间能得几回闻。（《赠花卿》）

我写道：锦官城里音乐声轻柔悠扬，一半随着江风飘去，一半飘入了云端。这样的乐曲只应该天上有，人间哪能听见几回？我当然有弦外之音，我憎他跋扈嚣张。

在困窘的境遇里，最高兴的是王抡和高适来成都看我，更高兴的是他们带着酒来。

　　卧疾荒郊远，通行小径难。故人能领客，携酒重相看。自愧无鲑菜，空烦卸马鞍。移樽劝山简，头白恐风寒。（《王竟携酒，高亦同过，共用寒字》）

觥筹交错间，仿佛又回到把臂登临的壮年。

见过高适，自然又想起李太白。

　　不见李生久，佯狂真可哀。世人皆欲杀，吾意独怜才。敏捷诗千首，飘零酒一杯。匡山读书处，头白好归来。（《不见》）

自天宝四载（745）在山东兖州分手，我与李白不相见已有十六年。李白早年曾在益州彰明县大匡山读书，我甚至幻想，如李十二此时返回，我们就可以相见了。

世人都不了解李白，以为他狂放而想杀了他，只有我怜惜他。

李白文思敏捷，下笔成诗千首，奈何飘零无依，终日以酒消愁。诗酒飘零，我们分明一样啊。此际我却不知道，明年他就将永远地离开人世，离开我们曾经风云际会的尘世。

猝不及防，我迎来了生命中灰色的打击。

宝应元年（762），甲寅，玄宗卒于神龙殿，享年七十八岁。丁卯，肃宗卒，享年五十二岁。

据闻高力士遇赦还，至朗州，闻玄宗噩耗，呕血而死。我没有呕血，但感觉如晴天霹雳。

我的君王故去了，我为之可以生为之可以死的朝代好像也就此湮灭。

今年，我是低落的，我常常在江边踟蹰。

> 西山白雪三城戍，南浦清江万里桥。海内风尘诸弟隔，天涯涕泪一身遥。惟将迟暮供多病，未有涓埃答圣朝。跨马出郊时极目，不堪人事日萧条。（《野望》）

远望西山终年不化的积雪，看三城列兵防戍。南郊外的万里桥，桥下是泱泱的锦江。回思海内外处处烽火，诸弟流散，我孤身一人，何等凄怆。唯将迟暮的年光，交与多病的身躯。

至今并无点滴功德，报答贤明的圣皇，却再也无处报答了。

我骑着马一个人在郊外逛荡、远望。世事逐日萧条，令人断肠。

头年十二月，严武来成都任成都尹，这年开春后，他邀请我进城去玩。

严武是我的朋友严挺之之子，一直在生活上资助我。

严武有德政，某日我去郊外散步，与田翁不期而遇。这朴实的老头说春社临近，非要拉我去他家品尝春酒，酒酣耳热，他向我夸起了严武。

> 步屧随春风，村村自花柳。田翁逼社日，邀我尝春酒。酒酣夸新尹，畜眼未见有。回头指大男，渠是弓弩手。名在飞骑籍，长番岁时久。前日放营农，辛苦救衰朽。差科死则已，誓不举家走。今年大作社，拾遗能住否。叫妇开大瓶，盆中为吾取。感此气扬扬，须知风化首。语多虽杂乱，说尹终在口。朝来偶然出，自卯将及酉。久客惜人情，如何拒邻叟。高声索果栗，欲起时被肘。指挥过无礼，未觉村野丑。月出遮我留，仍嗔问升斗。（《遭田父泥饮美严中丞》）

田翁说这样的好官从未见过。他的大儿子是严武麾下飞骑兵的弓箭手，服役日久，本不意能归。前几日严武竟放他回家务农，解救了苍老辛苦的老

田翁。

田翁感激涕零，决心扛下沉重的差役赋税，誓死在此苦守，民风淳朴如此。"感此气扬扬，须知风化首"。

但这年六月，严武便被召还，我的朋友高适将为成都尹、西川节度使。严武临走，我去送他，一直送到了二百里外的奉济驿。

> 远送从此别，青山空复情。几时杯重把，昨夜月同行。列郡讴歌惜，三朝出入荣。江村独归处，寂寞养残生。（《奉济驿重送严公四韵》）

青山惆怅，倍增离情。社会动荡，前程生死未卜，能否再会举杯共饮，亦未可知。各郡的百姓都在讴歌，不舍严武离去。三朝为官，几多光荣。

我与严武，彼此知遇甚深。昨夜我们还在月色中同行，如今他归京，我将独自回到江村，与剩下的岁月共度寂寞。

世事无常。与严武刚刚分别，便传来剑南兵马使徐知道反的消息，严武随后即遭兵阻，滞留巴山，我则暂留绵州。

我在绵州遇到了绵谷尉何邕，当年我建造草堂时，曾经问他讨要过桤树苗。何邕是长安人。

> 生死论交地，何由见一人。悲君随燕雀，薄宦走风尘。绵谷元通汉，沱江不向秦。五陵花满眼，传语故乡春。（《赠别何邕》）

彼此见面，谈起长安，也是一番唏嘘。

蜀乱一时难平，我无法回家。得知与我有旧的汉中王李瑀在梓州，我决定去找他。

李瑀早有材望，一表人才，曾经持节护送宁国公主和亲回纥，早年在长安我们便相识。

有李瑀帮助，我在梓州很安定，但却十分思念草堂。

秋窗犹曙色，落木更天风。日出寒山外，江流宿雾中。圣朝无弃物，老病已成翁。多少残生事，飘零任转蓬。（《客亭》）

也许我并非没有才德，算不上"弃物"，如今却在"圣朝"老病成衰翁。大概人之飘零无定如飘蓬无根，至老年，我的愤慨种种早已变为绝望。

不久我携家带口到梓州暂住。本想暂住，却比想象中滞留更久，往还二十载，岁晚寸心违。

扶病送君发，自怜犹不归。只应尽客泪，复作掩荆扉。江汉故人少，音书从此稀。往还二十载，岁晚寸心违。（《赠韦赞善别》）

这时徐知道毙命了，我便给高适写了信，我想回到草堂。

登幽州台

我暂时没能回去草堂。

左右无事，我便去了射洪吊陈子昂。

我无比热爱魏晋六朝，尽管那是文章由质朴趋向华彩的转变阶段。如今一些胸无定见的后生，好古遗，寻声逐影，却对庾信和初唐四杰不屑一顾。

我是不赞成的。我写了《戏为六绝句》，这六首诗，在某种程度上代表了我的文学观。

庾信文章老更成，凌云健笔意纵横。今人嗤点流传赋，不觉前贤畏后生。

王杨卢骆当时体，轻薄为文哂未休。尔曹身与名俱灭，不废江河万古流。

纵使卢王操翰墨，劣于汉魏近风骚。龙文虎脊皆君驭，历块过都见尔曹。

才力应难夸数公，凡今谁是出群雄。或看翡翠兰苕上，未掣鲸鱼碧

176

海中。

> 不薄今人爱古人，清词丽句必为邻。窃攀屈宋宜方驾，恐与齐梁作
> 后尘。

> 未及前贤更勿疑，递相祖述复先谁。别裁伪体亲风雅，转益多师是
> 汝师。

在我看来，庾信文章至老年更加成熟，笔力高超雄健，文思如潮，挥洒自
如。王勃、杨炯、卢照邻和骆宾王四杰，在当时，则已达最高造诣。太多人在
历史长河中只能身名俱灭，而四杰却如江河不废、万古流芳。

今人偏爱秾丽纤巧诗文，在我看来委实缺乏雄健与气魄，不过只是些灵巧
的小玩意，并不能如掣取鲸鱼于碧海般雄健。

学诗一道，要爱古人，但也不能鄙薄今人。清词丽句自然可引为同调，屈
原、宋玉的精神和才力更值得追随。否则沿流失源，即堕入齐梁间轻浮侧艳的
后尘。

轻薄之辈不及前贤，自然毋庸置疑。其实承继前人、互相学习，并不用分
先后。"别裁伪体"，大可重新创造。"转益多师"，诗文重在继承。

虽然于世无补，在写诗这条道路上，我也算"别开异径"，在盛唐七绝中
走出一条新路子。至少于我，一切题材都可入绝句，感时议政，谈艺论文，记
叙琐事，不一而足。

我也乐于触机成趣，追求朴质而雅健的趣味，所以我在陈子昂的故地深深
膜拜。

> 前不见古人，后不见来者。念天地之悠悠，独怆然而涕下。

往前，不见古代招贤的圣君，向后，不见后世求才的明君。唯天地之无穷

兮，哀人生之长勤。往者余弗及兮，来者吾不闻。天地苍茫，孤绝的人止不住满怀悲伤，热泪纷纷。

幽州台即黄金台，又称蓟北楼，在北京，乃燕昭王为招纳天下贤士而建。陈子昂这首诗写于则天皇帝通天元年（696），距今已数十年。当年，他深具政治见识和才能，却接连受挫。

眼看报国宏愿成为泡影，他因此登上蓟北楼，慷慨悲吟，写下此诗。

怀才不遇的情绪厚重，语言却依然苍劲奔放，明朗刚健，意境雄浑，"汉魏风骨"铮铮。

全诗无一字写幽州台，却成感叹兴废名篇。斯人已逝，但这情怀与孤寂，若干年后，依旧震撼着同样孤寂的我。

广德元年（763），我在梓州。

剑外忽传收蓟北，初闻涕泪满衣裳。却看妻子愁何在，漫卷诗书喜欲狂。白日放歌须纵酒，青春作伴好还乡。即从巴峡穿巫峡，便下襄阳向洛阳。（《闻官军收河南河北》）

这年春天，我五十二岁，剑外忽然传来收蓟北的消息。宝应元年（762）冬，我军在洛阳附近的衡水打了个大胜仗，叛军头领薛嵩、张忠志等纷纷投降。骤然闻此，我几乎无法反应，跟着便痛哭失声，我是喜极而泣。

捷报来得突然，多年飘泊"剑外"，备尝艰苦，想回故乡而不可能，皆因"蓟北"未收，安史之乱未平。如今"忽传收蓟北"，惊喜如洪流突至，心绪涛翻浪涌。

妻儿也欣喜若狂，此情此景，自当狂歌痛饮。我们胡乱地收拾诗书，迫不及待地想整理行装、返回家乡。春光正好，我将趁此就从巴峡再穿巫峡，经襄阳直奔洛阳，"青春作伴好还乡"。

痛定思痛。八年来重重苦难，曾经的险阻悲伤，根本无法压抑。所幸这场浩劫，终于像噩梦一般过去了。

"蓟北"既已收，则战乱将息。乾坤疮痍，黎民疾苦，都将得到彻底疗救。颠沛流离、感时恨别，永别了。

但是，没有那么容易。

因讨伐安史叛军，朝廷西部的军队大部分被撤回，吐蕃乘虚深入内地，大举攻唐，占领了陕西凤翔以西、邠州以北的十余州。战乱仍未结束，回家成了泡影。

行路难如此，登楼望欲迷。身无却少壮，迹有但羁栖。江水流城郭，春风入鼓鼙。双双新燕子，依旧已衔泥。

天畔登楼眼，随春入故园。战场今始定，移柳更能存。厌蜀交游冷，思吴胜事繁。应须理舟楫，长啸下荆门。（《春日梓州登楼二首》）

如今，我在梓州登楼，泰半是为了眺望东都。多年漂泊，我已不复少壮，只剩一身羁旅风尘。燕子又在筑巢，而我却只能在楼上，遥望回不去的故乡。

站在楼上，仿佛于春风中听到了鼓鼙之声。想那后赵明帝、羯族人石勒，出身低微，仍然建立了后赵，成为中国历史上的唯一一位奴隶皇帝。石勒相貌奇特，自小在家便总是听到鼓角的声音，也因此异禀被免除奴隶身份。如今鼓鼙频传，我的唐朝，何时才能终止兵戈？

心之所至，目亦随之。我的目光，已经随着春风回到了故园。史朝义兵败，初收河南。

但不知我的陆浑庄安在哉？

我已厌倦蜀中冷落，无所依傍。既然回不去洛阳，想起青年时游历吴越，殊堪怀念，我动了东下之思。真想立即治舟，由长江东下，前去吴越。

这一年，相识魏┃八仓曹还京，我去送他。

迟日深江水，轻舟送别筵。帝乡愁绪外，春色泪痕边。见酒须相忆，将诗莫浪传。若逢岑与范，为报各衰年。（《泛舟送魏十八仓曹还京，因寄岑中允参、范郎中季明》）

春日迟迟，这是广德元年（763），玄肃二宗，于三月葬。帝乡多愁绪，春色染泪痕。后程元振等迎太子于九仙门，见群臣，行监国之礼。己巳，太子即位于枢前，是为代宗。

此时岑参已自虢州长史归，为太子中允，兼殿中侍御史，充关西节度判官，我请魏十八代致问候。五十二岁的我已无长物，但盼以衰年报答故旧相亲。

此间，我先后随同官员游赏蜀国山水，曾过到阆州，游牛头、兜率、惠义诸寺。

牛头见鹤林，梯径绕幽深。春色浮山外，天河宿殿阴。传灯无白日，布地有黄金。休作狂歌老，回看不住心。（《望牛头寺》）

在牛头山上，我见到了鹤林禅师，他的禅机如同山路蜿蜒幽深。

春色浮满，山高寺远，连银河似乎都宿在大殿阴影之中。传灯不易，众生长处黑夜，故禅师广施慈悲，于世间传布远比黄金珍贵的佛法。我年纪已老，当别再作狂吟之事了吧。或许我应该收束，好好修身养性了。但我偶然的禅心，不过自我解嘲，哪里抵得过如狂的乡心。

滞留梓州的这个春夏，我间或去阆州、盐亭、绵州、汉州、涪城等地暂住。居无定所，我想念草堂了。身边的人纷纷回到成都，韦郎司直也回去了。

窜身来蜀地，同病得韦郎。天下兵戈满，江边岁月长。别筵花欲暮，春日鬓俱苍。为问南溪竹，抽梢合过墙。（《送韦郎司直归成都》）

君自故乡来，应知故乡事。回不去洛阳，成都也是我的故乡。然而，我也一时回不去，真是惆怅。

整个夏天我哪里也没去。

到了重阳那天，我在涪江边游荡。想起去年也在此地登高，白发一再苍苍：

> 去年登高郪县北，今日重在涪江滨。苦遭白发不相放，羞见黄花无数新。世乱郁郁久为客，路难悠悠常傍人。酒阑却忆十年事，肠断骊山清路尘。（《九日》）

"世乱郁郁久为客"，乡愁如山，无法纾解。

重阳节后不久，我离开梓州，去了阆州王刺史麾下。寄人篱下之间，为免遭嫌恶，我经常换换地方，因此萍踪不定。

一天，我在嘉陵江边漫步。

> 江水长流地，山云薄暮时。寒花隐乱草，宿鸟择深枝。旧国见何日，高秋心苦悲。人生不再好，鬓发自成丝。（《薄暮》）

看江水长流，山云薄暮，寒花隐乱草，宿鸟择深枝。想山水花鸟都有自己的去处，唯独我，白发离故乡，高秋心苦悲。乱世之中，人的卑微，莫此为甚。

这样烽火连天，每个人都是过客。

比如不久之后，我的十一舅打阆州经过，去青城探望二十四舅，王刺史设宴款待。

> 万壑树声满，千崖秋气高。浮舟出郡郭，别酒寄江涛。良会不复久，

此生何太劳。穷愁但有骨，群盗尚如毛。吾舅惜分手，使君寒赠袍。沙头暮黄鹄，失侣自哀号。(《王阆州筵奉酬十一舅惜别之作》)

其实羁旅中的片刻欢会，令人欣喜，更令人惆怅。"良会不复久，此生何太劳"。

薄游久已倦，每个游子仿如秋风秋月秋雁秋云，也如病叶寒花，对清光而堕泪。

彷徨不定的一个晚上，我去了严氏溪，探望一位隐者。我在他家借宿一晚，彻夜畅谈。

我从来无法做个隐士，不过借他的人生清香，一洗我东游西荡的疲惫仓皇。

天下兵马未尽销，岂免沟壑常漂漂。剑南岁月不可度，边头公卿仍独骄。费心姑息是一役，肥肉大酒徒相要。呜呼古人已粪土，独觉志士甘渔樵。况我飘蓬无定所，终日戚戚忍羁旅。秋宿霜溪素月高，喜得与子长夜语。东游西还力实倦，从此将身更何许。知子松根长茯苓，迟暮有意来同煮。(《严氏溪放歌行（溪在阆州东百余里）》)

天下兵马未尽销，我不知何时能够归去故乡。

到了广德二年（764）春天，我才得到头年不幸的消息。广德元年（763）十月，吐蕃进犯奉天、武功。京师震骇。我的朋友西川节度使高适不能前去救援，至此，剑南西山各州都被吐蕃攻陷。兵临长安城下，代宗逃往陕州避难。

天下兵虽满，春光日自浓。西京疲百战，北阙任群凶。关塞三千里，烟花一万重。蒙尘清路急，御宿且谁供。殷复前王道，周迁旧国容。蓬莱足云气，应合总从龙。

莺入新年语，花开满故枝。天青风卷幔，草碧水通池。牢落官军速，萧条万事危。鬓毛元自白，泪点向来垂。不是无兄弟，其如有别离。巴山春色静，北望转逶迤。

日月还相斗，星辰屡合围。不成诛执法，焉得变危机。大角缠兵气，钩陈出帝畿。烟尘昏御道，耆旧把天衣。行在诸军阙，来朝大将稀。贤多隐屠钓，王肯载同归。

再有朝廷乱，难知消息真。近传王在洛，复道使归秦。夺马悲公主，

登车泣贵嫔。萧关迷北上，沧海欲东巡。敢料安危体，犹多老大臣。岂无嵇绍血，沾洒属车尘。

闻说初东幸，孤儿却走多。难分太仓粟，竟弃鲁阳戈。胡虏登前殿，王公出御河。得无中夜舞，谁忆大风歌。春色生烽燧，幽人泣薜萝。君臣重修德，犹足见时和。（《伤春五首（巴阆僻远伤春罢始知春前已收宫阙）》）

我的中兴梦，破灭了。起初，代宗以程元振有拥立之功，拜为右监门将军，知内侍省事，掌管了皇宫大权。不久，又任他为元帅行军司马，加镇军大将军、右监门卫大将军，封保宣县侯，统领禁军。之后再迁骠骑大将军，进封邠国公，权势显赫。李辅国则因拥戴之功进为尚父、司空兼中书令，从此居功自傲，狂妄跋扈。

于是代宗乘李不备，派人扮作盗贼将其斩杀。李辅国一死，程元振立即被提拔为骠骑大将军，封邠国公，统率禁军。后程元振因私怨陷害来瑱和裴冕至死，引来各藩镇切齿痛恨。

广德元年（763）九月，吐蕃大举东进，边疆告急，程元振得到消息，却隐瞒代宗。等代宗刚知吐蕃入侵，事实上他们已兵至邠州。十月，代宗下诏调兵，各地节度使、将军因不满皇帝宠信程元振，无人勤王，致使吐蕃军攻下长安，代宗星夜出逃。

此刻，我在阆中，"巴山春色静"。巴地春光依然无恙，但我深恨长安被敌兵扰攘，而援军不赴，万事俱危。

我真希望代宗乘舆远出的消息不是真的。我也不愿像魏高欢自晋阳出滏口，道逢北乡长公主自洛阳来，有马三百匹，尽夺而易之。我更不愿后嫔妃主，尽虏辱于戎卒。我常思虑，如代宗不能斩程元振以谢天下，李泌久废而不复用，如何能复天下。而我，空有勤王敌忾之志，奈何如今朝廷，有臣无君。

巴阆僻远，虽然徒望春光满，我仍然寄望代宗能如武丁饬身修行，复先王之政。我已鬓白流落，更兼兄弟别离，常常北望伤神。

忆昔先皇巡朔方，千乘万骑入咸阳。阴山骄子汗血马，长驱东胡胡走藏。邺城反覆不足怪，关中小儿坏纪纲。张后不乐上为忙，至令今上犹拨乱，劳心焦思补四方。我昔近侍叨奉引，出兵整肃不可当。为留猛士守未央，致使岐雍防西羌。犬戎直来坐御床，百官跣足随天王。愿见北地傅介子，老儒不用尚书郎。

忆昔开元全盛日，小邑犹藏万家室。稻米流脂粟米白，公私仓廪俱丰实。九州道路无豺虎，远行不劳吉日出。齐纨鲁缟车班班，男耕女桑不相失。宫中圣人奏云门，天下朋友皆胶漆。百余年间未灾变，叔孙礼乐萧何律。岂闻一绢直万钱，有田种谷今流血。洛阳宫殿烧焚尽，宗庙新除狐兔穴。伤心不忍问耆旧，复恐初从乱离说。小臣鲁钝无所能，朝廷记识蒙禄秩。周宣中兴望我皇，洒泪江汉身衰疾。（《忆昔二首》）

时局这么混乱，我陷入了深深的回忆，我回想肃宗朝，可叹肃宗信任宦官，惧怕宠妃一党。当年灵武即位，收复关中，借回纥之兵收复两京，接着复陷东京洛阳，本在意料之中。

如今代宗听信宦官程元振逸言，夺郭子仪兵柄，使岐雍一带兵力空虚，不能防敌于国门之外。致吐蕃入侵，两京沦陷，府库闾舍焚掠一空，百官狼狈就道，跟随代宗逃往陕州。

西汉傅介子曾斩楼兰王头，悬之北阙，此种人物，何时再现？可叹自己不能为国靖乱而尸位素餐。欲与木兰赏，不用尚书郎。

我回想玄宗朝，自我朝开国以至开元末，一百多年，不曾发生大的灾祸。承平日久，四郊无虞，居人满野，桑麻如织，鸡犬之音相闻。时自开远门外西行，亘地万余里，路不拾遗，行者不赍粮，丁壮之人不识兵器。百姓各安其业，各得其所，宫中也时常响起祭祀天地的云门乐章。

国盛民富，政治清明。

可惜后来明皇疏于政事，极盛转至衰败。绢万钱，无复齐纨鲁缟。田流血，无复室家仓廪。东洛烧焚，西京狐兔，道路尽为豺狼，宫中不奏云门，狐兔穴宗庙。

位卑未敢忘忧国。我如今不敢跟年高望重的人絮叨旧事，耆旧们都经历过开元盛世和安史之乱，不忍惹起天上人间的伤心。只望代宗能像周宣王使周朝中兴，早日恢复大唐的江山社稷。

冬末，我收到夫人捎来的书信。女儿病了，我匆匆赶回梓州。

> 我来入蜀门，岁月亦已久。岂惟长儿童，自觉成老丑。常恐性坦率，失身为杯酒。近辞痛饮徒，折节万夫后。昔如纵壑鱼，今如丧家狗。既无游方恋，行止复何有。相逢半新故，取别随薄厚。不意青草湖，扁舟落吾手。眷眷章梓州，开筵俯高柳。楼前出骑马，帐下罗宾友。健儿簸红旗，此乐或难朽。日车隐昆仑，鸟雀噪户牖。波涛未足畏，三峡徒雷吼。所忧盗贼多，重见衣冠走。中原消息断，黄屋今安否。终作适荆蛮，安排用庄叟。随云拜东皇，挂席上南斗。有使即寄书，无使长回首。（《将适吴楚，留别章使君留后，兼幕府诸公，得柳字》）

我预备南下荆楚。四个弟弟里，只有杜占相随入蜀。前不久，我已让他回成都查看草堂并清点家务。忽然收到皇帝除我京兆功曹的讯息，我决计不赴召。

这年我们在阆州过年，就在这时，传来了严武再度镇蜀的消息。

二月，严武已来成都上任，并几次来信相邀。

盛意拳拳，再三思考之下，我决定暂不东下，立即启程返回成都。

> 殊方又喜故人来，重镇还须济世才。常怪偏裨终日待，不知旌节隔年

回。欲辞巴徼啼莺合，远下荆门去鹢催。身老时危思会面，一生襟抱向谁开。（《奉待严大夫》）

离开这么久，我终于又回到草堂。

昔我去草堂，蛮夷塞成都。今我归草堂，成都适无虞。请陈初乱时，反复乃须臾。大将赴朝廷，群小起异图。中宵斩白马，盟歃气已粗。西取邛南兵，北断剑阁隅。布衣数十人，亦拥专城居。其势不两大，始闻蕃汉殊。西卒却倒戈，贼臣互相诛。焉知肘腋祸，自及枭獍徒。义士皆痛愤，纪纲乱相逾。一国实三公，万人欲为鱼。唱和作威福，孰肯辨无辜。眼前列杻械，背后吹笙竽。谈笑行杀戮，溅血满长衢。到今用钺地，风雨闻号呼。鬼妾与鬼马，色悲充尔娱。国家法令在，此又足惊吁。贱子且奔走，三年望东吴。孤矢暗江海，难为游五湖。不忍竟舍此，复来薙榛芜。入门四松在，步屧万竹疏。旧犬喜我归，低徊入衣裾。邻里喜我归，沽酒携胡芦。大官喜我来，遣骑问所须。城郭喜我来，宾客临村墟。天下尚未宁，健儿胜腐儒。飘摇风尘际，何地置老夫。于时见疣赘，骨髓幸未枯。饮啄愧残生，食薇不敢余。（《草堂》）

其实《草堂》是我写给严武的，我与他谈论了徐知道叛乱事，关于徐知道叛乱，我有我的理解。

徐知道之乱蜀，可资吸取的教训有三个。一是"义士皆痛愤，纪纲乱相逾""大将赴朝廷，群小起异图"；二是"蛮夷塞成都""反复乃须臾"事；三是叛乱中"布衣数十人，亦拥专城居"，乱军里也混有铤而走险的老百姓。

严武此人，与我相交多年，长处极长，而短处极短。严武"前后在蜀累年，肆志逞欲，恣行猛政"、"性本狂荡，视事多率胸臆"、"以征敛殆至匮竭"。这些靡费不节制，我都知道，也尽过朋友之道，微言相感。

但严武"骄倨"，多言未必见纳，故我常相鼓励，盼他能自知。

但此次徐知道乱，乱起须臾，而成大祸，我以为不可小视。如果我仍然缄

默不语，严武个人成败事小，天下安危事大。

　　我便以《草堂》，向严武表明"饮啄愧残生，食薇不敢余"。但愿他再度镇蜀，能够醒悟。

　　穷年忧黎元，何人怀抱尽。

暮春初归草堂。

说来我的朋友都与蜀有缘。此前高适为成都尹，代宗即位，吐蕃陷京畿，高适率兵临吐蕃以牵制之，师出无功。高适则用为刑部侍郎，转散骑常侍。

高适离开成都回京，我寄诗以赠。

> 汶上相逢年颇多，飞腾无那故人何。总戎楚蜀应全未，方驾曹刘不暂过。今日朝廷须汲黯，中原将帅忆廉颇。天涯春色催迟暮，别泪遥添锦水波。（《奉寄高常侍》）

回想开元间，我与高适相遇于齐鲁，当时何其投契。我想高适西蜀之丧师失地，或许只是不幸，没能全然展现他的武略吧。高适道文丽藻，有曹植、刘桢那样的才气，如今朝廷召他回去，冀望他像汲黯那样直谏守节。

至代宗广德二年（764）春，我客蜀已第五个年头。

> 两个黄鹂鸣翠柳，一行白鹭上青天。窗含西岭千秋雪，门泊东吴万里船。（《绝句四首·其三》）

最近心情尚可，我偶尔幽居所见，闲吟遣兴，写下一组即景小诗。

草堂周围多柳，柳枝新绿，黄鹂成双。晴空万里，一碧如洗，白鹭翱翔。

凭窗远眺，西岭雪山上积满了"千秋雪"，这景色只有空气清澄的晴日，才清晰可见。门外可瞥见停泊在江岸边的船只，这些船只来自东吴，行将沿岷江，穿三峡，直达长江下游，令人向往。

刚回成都，我再度前往先主庙、武侯祠、后主祠。先主庙在成都锦官门外，西有武侯祠，东有后主祠。

上年正月，官军收复河南河北，安史之乱平定。谁知十月便有吐蕃陷长安、立傀儡、改年号，代宗奔陕州事。随后郭子仪复京师，乘舆反正。年底吐蕃又破松、维、保等州，继而再陷剑南、西山诸州。

西山寇盗、宦官专权、藩镇割据，朝廷内外交困，灾患重重。当此万方多难，流离他乡的我愁思满腹，登上西门城楼。

春芳伤客心，繁花触目，叫人黯然心伤。

花近高楼伤客心，万方多难此登临。锦江春色来天地，玉垒浮云变古今。北极朝廷终不改，西山寇盗莫相侵。可怜后主还祠庙，日暮聊为梁甫吟。（《登楼》）

登楼所见，山河壮观。先看见了玉垒山，玉垒山在灌县西，贞观间设关于其下，乃吐蕃往来之冲，云浮玉垒夕，日映锦城朝。

凭楼远望，锦江流水从天边汹涌而来，仿佛裹挟着蓬勃春色。玉垒山上，浮云飘忽起灭，正如当今。我伫立楼头，徘徊沉吟。忽忽日已西落，城南先主庙、后主祠依稀隐没在苍茫暮色中。

想到后主刘禅，我不禁喟然而叹。刘备死后，刘禅继位，昏庸无能，宠信宦官，朝政腐败，终于亡国。刘禅信任黄皓而亡国，岂不正如代宗重用宦官而致国事维艰？所不同者，是当今没有诸葛亮吧。

《梁甫吟》是诸葛亮遇刘备前最常诵读的乐府诗篇，如今我空怀济世之

心，苦无献身之路。万里他乡，危楼落日，触绪万端聊吟诗以自遣。

广德二年（764），我见到了曹霸。

他是我朝著名画马大师，魏武帝曹操之后，安史之乱后，潦倒漂泊。

> 将军魏武之子孙，于今为庶为清门。英雄割据虽已矣，文彩风流犹尚
> 存。学书初学卫夫人，但恨无过王右军。丹青不知老将至，富贵于我如浮
> 云。开元之中常引见，承恩数上南熏殿。凌烟功臣少颜色，将军下笔开生
> 面。良相头上进贤冠，猛将腰间大羽箭。褒公鄂公毛发动，英姿飒爽来酣
> 战。先帝天马玉花骢，画工如山貌不同。是日牵来赤墀下，迥立阊阖生长
> 风。诏谓将军拂绢素，意匠惨澹经营中。须史九重真龙出，一洗万古凡马
> 空。玉花却在御榻上，榻上庭前屹相向。至尊含笑催赐金，圉人太仆皆惆
> 怅。弟子韩幹早入室，亦能画马穷殊相。幹惟画肉不画骨，忍使骅骝气凋
> 丧。将军画善盖有神，必逢佳士亦写真。即今飘泊干戈际，屡貌寻常行路
> 人。途穷反遭俗眼白，世上未有如公贫。但看古来盛名下，终日坎　缠其
> 身。（《丹青引赠曹将军霸》）

曹霸最初学东晋卫夫人的书法，写得一手好字，只恨不能超过王羲之。他
沉浸在绘画艺术之中，而不知老之将至，视功名富贵如浮云。

开元年间，曹霸应诏见玄宗，有幸屡次登上南熏殿。凌烟阁上的功臣像年
久褪色，曹霸奉命重绘，在他的生花妙笔之下，头戴朝冠的文臣，腰插长箭的
武将，褒国公段志玄，鄂国公尉迟敬德，尽皆栩栩如生。

马之为物最神骏。玄宗的御马玉花骢，众多画师都描摹过，却无一肖似逼
真，玄宗即命曹霸展开白绢当场写生。

曹霸落笔挥洒，须史间一气呵成。阊阖宫赤色台阶前，玉花骢昂首卓立，
器宇不凡。榻上摆放的玉花骢画也昂首屹立，竟似有两马相对，其神奇若此。

明皇末年，曹霸得罪，削籍为庶人，流落民间。从前曹霸骄傲，从不轻易
为人画像，如今岁月动荡，竟不得不靠卖画为生，甚至屡屡为寻常过路行人献

技，落魄至此。

而我也如曹霸一样，饱经沧桑。

如今我在严武幕下做事。

广德二年（764）六月，新任成都尹兼剑南节度使严武推荐我做了幕府参谋。前阵子，一位姓张的太子侍从，从西北来成都，送了我一条织着鲸鱼的西洋缎子，如此奢靡，我不敢消受。想到严武累年在蜀，穷极奢靡，赏赐无度，我便借此作诗以谏。

> 客从西北来，遗我翠织成。开缄风涛涌，中有掉尾鲸。逶迤罗水族，琐细不足名。客云充君褥，承君终宴荣。空堂魑魅走，高枕形神清。领客珍重意，顾我非公卿。留之惧不祥，施之混柴荆。服饰定尊卑，大哉万古程。今我一贱老，裋褐更无营。煌煌珠宫物，寝处祸所婴。叹息当路子，干戈尚纵横。掌握有权柄，衣马自肥轻。李鼎死岐阳，实以骄贵盈。来填赐自尽，气豪直阻兵。皆闻黄金多，坐见悔吝生。奈何田舍翁，受此厚贶情。锦鲸卷还客，始觉心和平。振我粗席尘，愧客茹藜羹。（《太子张舍人遗织成褥段》）

大秦国以野茧丝织成氍，以群兽五色毛杂之，为鸟兽人物草木云气，千奇万变。我朝锦样，多织鲸。织锦贵重，为坐褥，则当宴增荣。为卧褥，则魑魅惊走，但我不稀罕。

我崇尚的，是孔子厄于陈蔡之间，七日不食，藜羹不糁。"振我粗席尘，愧客茹藜羹"。

身为幕府参谋，每天天刚亮就得入值，直到夜晚方归。浣花溪在城外，来不及往返，于是我长期住在府内。

这年秋天，百无聊赖之际，想起《庄子·逍遥游》中那"巢于深林，不过一枝"的鹪鹩鸟，我便将依人作幕的旅愁，随意入诗。

清秋幕府井梧寒，独宿江城蜡炬残。永夜角声悲自语，中天月色好谁看。风尘荏苒音书绝，关塞萧条行路难。已忍伶俜十年事，强移栖息一枝安。（《宿府》）

深秋幕府，井边梧桐，何等疏寒。我独宿江城，值此更深人静、残烛暗淡之时。长夜里，号角声如人悲语。月色虽好，无心细看。

乱中四处漂泊，亲朋音书长相隔断，关塞零落萧条，行路难。算来，我忍受困苦，颠沛流离已有十年，如今暂借幕府偷安。

但五十三岁这年，我渐渐意识到，"致君尧舜上，再使风俗淳"的理想恐怕已经难以实现了。

这一年，很多坏消息。那个爱喝酒的斛斯融死了。

此老已云殁，邻人嗟未休。竟无宣室召，徒有茂陵求。妻子寄他食，园林非昔游。空余穗帷在，淅淅野风秋。

燕入非旁舍，鸥归只故池。断桥无复板，卧柳自生枝。遂有山阳作，多惭鲍叔知。素交零落尽，白首泪双垂。（《过故斛斯校书庄二首》）

我去了他的故居，穗帷仍在，野风淅淅。
那个苦学的苏源明也死了，身在台州的郑虔也死了。

唯一高兴的是，秋天的时候，弟弟杜颖竟然出现在眼前。他专程自山东来看我，兄弟相见的喜悦自不必说。
杜颖小住几天后，便即返回。
送别令人心痛。道里悠长，形影相吊。时则危，见则暂，身则衰，此次一别，恐再见无期。送杜颖的路上，我意迷心乱。
冬天来了。

冬至至后日初长，远在剑南思洛阳。青袍白马有何意，金谷铜驼非故乡。梅花欲开不自觉，棣萼一别永相望。愁极本凭诗遣兴，诗成吟咏转凄凉。(《至后》)

远在剑南思洛阳，任青袍如草，白马如练。金谷园、铜驼陌，这些洛阳胜地，旧日时光，常在脑海浮现。棠棣之华，萼不韡韡。

故乡隔兮音尘绝。

第六章 丹砂成诀

　　这是杜甫生命中最后的五年。他决心彻底拔去牵累形骸的一切，企图回归最初的天真烂漫。五十三岁的杜甫，毅然辞官去蜀，从此潇湘漫游、奔赴故乡。

　　这是一场最渴望最无望的流浪，是杜甫生命的绝唱。他在渝州的客舟上见到了最美的满天星光，在云安水阁中听到了最哀婉的子规啼血，在岳阳楼上淌下了最滚烫的忧生热泪。这是一声最深最重的叹息，是杜甫信仰的悲鸣。他耿耿于诸将不能视死如归抵御吐蕃内侵，不能奋不顾身阻止回纥入境，不能访贫问苦屯田济民。这是一阕最心醉最心碎的咏叹，是杜甫带泪而笑的乐章。他常常想起当年长安何等繁盛，香稻啄余鹦鹉粒，碧梧栖老凤凰枝。他不断回忆开元时节花萼夹城通御气，自己曾几回青琐点朝班。如今江湖漂泊，同学不贱，他处孤城长望京华，忧文武衣冠异昔，如孤舟难忘故园。

　　无边落木，不尽长江。临去前的杜甫，脑海

里回荡着许多影像。萧瑟的庾信是他，悲秋的宋玉是他。青冢黄昏是未来的他，君臣一体是幻想的他，运筹帷幄、云霄一羽是理想的他，万里悲秋、百年多病是现实的他。当公孙大娘带回他儿时的斑斓往事，当李龟年唱起他早年的绿萼红花，杜甫深知自己大限将至。

抱病而卧，在潭州开往岳阳的扁舟上，杜子美百感交集，沉郁顿挫，写下了今生最后的诗句。

辞官去蜀

我在严武幕府并不开心。

所受嫉妒排挤一言难尽，不过"丈夫垂名动万年，记忆细故非高贤"，我不太愿意多说。

或许如孔雀、如燕子、如皇孙。

> 孔雀未知牛有角，渴饮寒泉逢牴触。赤霄玄圃须往来，翠尾金花不辞辱。江中淘河吓飞燕，衔泥却落羞华屋。皇孙犹曾莲勺困，卫庄见贬伤其足。老翁慎莫怪少年，葛亮贵和书有篇。丈夫垂名动万年，记忆细故非高贤。（《赤霄行》）

《博物志》载，孔雀尾多变色，或红或黄，如云霞无定，人采其尾，有金翠，始生三年尚小，五年而后成，初春乃生，四月后凋，与花蕊俱荣衰。

鹈鹕鸟好群飞，入水食鱼，俗呼为淘河。《庄子》讲了个故事，说鸱鸟捕得腐鼠，忽然鹓雏经过，鸱鸟以为鹓雏要来抢夺，于是仰而视之曰："吓！"这就如同燕子自江上飞过，淘河疑其衔鱼，故吓之。

昔在江南，不信有千人毡帐；及来河北，不信有二万斛船。总有些人，未曾见过高天，便以为人人都一般低微狭隘吧。又或许是我不够坚韧，无法忍受

197

唾面、损鳞的小小不平。在《三韵三篇》中，我发了一些牢骚。

> 高马勿唾面，长鱼无损鳞。辱马马毛焦，困鱼鱼有神。君看磊落士，
> 不肯易其身。

> 荡荡万斛船，影若扬白虹。起樯必椎牛，挂席集众功。自非风动天，
> 莫置大水中。

> 烈士恶多门，小人自同调。名利苟可取，杀身傍权要。何当官曹清，
> 尔辈堪一笑。

但我已老迈，不欲继续忍受。

春末，我终于辞去了幕府参谋之职。

> 江渚翻鸥戏，官桥带柳阴。花飞竞渡日，草见踏春心。已拔形骸累，
> 真为烂漫深。赋诗歌句稳，不免自长吟。（《长吟》）

当日无事，我闲看鸥鸟在江渚翻飞，看柳枝在桥边轻拂。《荆楚岁时记》：
屈原以五日死于汨罗，人以舟拯之，竞渡是其遗俗。或以水车，谓之飞凫，亦
曰水马，一州士庶，悉观临之。窦氏《壶中赘录》载，蜀中风俗，旧以二月
二日为踏青节。

我不居幕府，于是可在阳光下，看多少舟船竞渡，体会多少踏足青草的欢
乐。多年形骸之累已极，到此始得烂熳长吟，我顿觉身世两忘，遂恣情游玩。

欢乐总是短暂的，不久，我又开始忧乱思乡。我这天边老人，长久不归，
时常想起半生际遇，只能临江大哭。

> 天边老人归未得，日暮东临大江哭。陇右河源不种田，胡骑羌兵入巴

蜀。洪涛滔天风拔木，前飞秃鹙后鸿鹄。九度附书向洛阳，十年骨肉无消息。（《天边行》）

我的际遇，也是普天下百姓共同的际遇。吐蕃陷陇右，胡骑羌兵仍在，河源不得种田。

洪涛滔天，民罹其害。秃鹙与鸿鹄，岂能相偕而飞？

我已五十四岁，仍然不断接到坏消息。

四月，我在成都赖以存身的好友严武死去。永泰元年正月（765），高适也去世了，赠礼部尚书。

归朝不相见，蜀使忽传亡。虚历金华省，何殊地下郎。致君丹槛折，哭友白云长。独步诗名在，只令故旧伤。（《闻高常侍亡》）

于蜀，我已经没有什么可以留恋的了。

永泰元年（765）夏天，我终于踏上了携家去蜀的旅程。

五载客蜀郡，一年居梓州。如何关塞阻，转作潇湘游。世事已黄发，残生随白鸥。安危大臣在，不必泪长流。（《去蜀》）

我自乾元二年（759）季冬来蜀，至永泰元年（765），首尾凡七年。谓五载客蜀，乃上元元年（760）、上元二年（761）、宝应元年（762）、广德二年（764）、永泰元年（765）也。

一年居梓州，广德元年（763）也。

只因关塞阻隔，我难返长安，不得已开始了潇湘漫游，往荆楚而去。临去之际，忆从前，思日后。想国家安危，自有大臣负荷，我徒抱杞忧，于事何补？唯有拭泪长辞，扁舟下峡，如是而已。

我带着家人乘舟东下，在岷江、长江上飘泊。这天晚上，行舟途经渝州、忠州一带。

细草微风岸，危樯独夜舟。星垂平野阔，月涌大江流。名岂文章著，官应老病休。飘飘何所似，天地一沙鸥。（《旅夜书怀》）

我看见了漫天的星星，我的心好像忽然被什么击中，疼痛难忍。

江岸的细草在微风中生长着，那立着高高樯杆的小船在夜里孤独地停泊着。

无数星辰垂在天际，田野如此辽阔。月光无声地随波涌动，大江则咆哮着向前奔流。

如此星辰如此夜，我想我此生难道只能因为文章而显名吗？又或是我已年老多病理应休官而去？

自己经年漂泊究竟像什么呢？像江岸渺小的细草？像江中寂寞的孤舟？像这天地间一只飘零的沙鸥？

辽阔的平野、浩荡的大江、灿烂的星月。谁能明了我的孤苦伶仃、颠连无告？谁能理解我的政治怀抱？这个夜晚，满天星斗，而我忧心如焚。

便在老去无为的焦灼里，重阳节前，我们抵达云安。

旅途劳顿，前程无望，我真的病了。我这病，后世唤做糖尿病，我因此在云安滞留。

永泰元年（765）冬十月，剑南节度使郭英乂为兵马使崔旰所杀，邛州牙将柏茂琳、泸州牙将杨子琳、剑州牙将李昌夔等，共起兵讨之，世道依然艰险不安。

我在云安，常常想起草堂，怀思锦水胜境。常常想起"万里桥南宅，百花潭北庄。层轩皆面水，老树饱经霜。雪岭界天白，锦城曛日黄"。

军旅西征僻，风尘战伐多。犹闻蜀父老，不忘舜讴歌。天险终难立，

柴门岂重过。朝朝巫峡水，远逗锦江波。

　　万里桥南宅，百花潭北庄。层轩皆面水，老树饱经霜。雪岭界天白，
锦城曛日黄。惜哉形胜地，回首一茫茫。(《怀锦水居止二首》)

我建草堂，自上元开始经营，真正安居在此始终只得四载，而其间往梓、
阆三年，"三年奔走空皮骨"也。这番相见相离，居草堂仅一年而已。起居寝
处之乐趣，并不足以补偿经营往来之劳，我是一世之羁人。

我们现在住在云安县令的水阁中，水阁环境清幽，白天黑夜，有子规鸣叫
不停。

　　峡里云安县，江楼翼瓦齐。两边山木合，终日子规啼。眇眇春风见，
萧萧夜色凄。客愁那听此，故作傍人低。(《子规》)

子规的叫声是"不如归去"，听子规，动客愁。当此春风之际，夜色凄
凉，异乡人何堪听此。更何况那子规鸟故作低声，仿佛人声。

关于我这首《子规》，许多年后，还有故事。据说宋孝宗时，有蜀士新选
县令，皇帝问以蜀中风景，这县令对云："两边山木合，终日子规啼。"宋孝
宗闻言称赏。

次日，宰相召问县令所对之语从何得来，县令答云："梦中所记。"宰相
大惊，道："子当速去。倘再召，恐无以复应。"数日后，宋孝宗果然又宣召
县令，而县令已然去矣。

当然，县令以我的诗句为梦境，那都是我的身后事了。

这时我听说岑参任嘉州刺史。

嘉州在成都东南，去成都为近，去夔州为远。我来云安前，刚刚经过了
嘉州。

听到岑参的消息，我又惊又喜，我们已经有十余年失去彼此消息。

不见故人十年余，不道故人无素书。愿逢颜色关塞远，岂意出守江城居。外江三峡且相接，斗酒新诗终日疏。谢朓每篇堪讽诵，冯唐已老听吹嘘。泊船秋夜经春草，伏枕青枫限玉除。眼前所寄选何物，赠子云安双鲤鱼。(《寄岑嘉州》)

然而此次依然失之交臂。当年斗酒新诗，如今冯唐已老，人生知交零落，莫不如此，也只能以诗慰寂寥。

是年冬天，我仍在云安。忐忑中，我在云安迎来了新年。

越明年，春晚之时，我迁居夔州。

云安与夔州两地相隔不过二百四十多里，下水行船，两天就到了。

　　今朝腊月春意动，云安县前江可怜。一声何处送书雁，百丈谁家上濑船。未将梅蕊惊愁眼，要取楸花媚远天。明光起草人所羡，肺病几时朝日边。

　　寒轻市上山烟碧，日满楼前江雾黄。负盐出井此溪女，打鼓发船何郡郎。新亭举目风景切，茂陵著书消渴长。春花不愁不烂漫，楚客唯听棹相将。

　　即看燕子入山扉，岂有黄鹂历翠微。短短桃花临水岸，轻轻柳絮点人衣。春来准拟开怀久，老去亲知见面稀。他日一杯难强进，重嗟筋力故山违。（《十二月一日三首》）

在夔州，我倒常常回想起蜀地风物了。蜀地水急，岸石又多棱，若用索牵，遇石辄断，故当地人往往劈竹为大辫，用麻绳连贯以为牵具，是名百丈。

听到雁声，便想到那没有收到的家书。看见百丈累累的江船，于是思虑出峡归家。

腊月梅蕊未吐，新春将至，故椒花欲放。然这一切都与我无关，终无一雁带书回。

想当年"翰林学士如堵墙，观我落笔中书堂"，我也曾经有过繁华的青春，叹如今我身患消渴之病，更不知何时才能返归京都了。

《王导传》载，中州士人避乱江左，每至暇日，邀饮新亭，周侯中坐而叹曰："风景不殊，正自有山河之异。"云安冬暖，有碧烟黄雾。云安人家有盐井，其俗以女当门户，皆贩盐自给。

这些都不是东都格调，虽然山烟涵树色，但正自是山河有异，我不知道我是否会终老于此。

自春末我到夔州，至大历三年（768）正月出峡东下，我们在此共住了一年零九个月。

而我，似乎要将此生耗尽，竟写了四百多首诗。

> 忆昨离少城，而今异楚蜀。舍舟复深山，窅窱一林麓。栖泊云安县，消中内相毒。旧疾廿载来，衰年得无足。死为殊方鬼，头白免短促。老马终望云，南雁意在北。别家长儿女，欲起惭筋力。客堂序节改，具物对羁束。石暄蕨芽紫，渚秀芦笋绿。巴莺纷未稀，徼麦早向熟。悠悠日动江，漠漠春辞木。台郎选才俊，自顾亦已极。前辈声名人，埋没何所得。居然绾章绂，受性本幽独。平生憩息地，必种数竿竹。事业只浊醪，营茸但草屋。上公有记者，累奏资薄禄。主忧岂济时，身远弥旷职。循文庙算正，献可天衢直。尚想趋朝廷，毫发裨社稷。形骸今若是，进退委行色。（《客堂》）

我们在夔州，住在西阁，西阁在深林覆盖的崇山之麓。"石暄蕨芽紫，渚秀芦笋绿。巴莺纷未稀，徼麦早向熟。悠悠日动江，漠漠春辞木。"莺未稀而

麦向熟，正春去夏来之时。

我如今总会想起成都往事，也会想起当年在京都任郎官时的荣耀。只是我性喜幽独，"平生憩息地，必种数竿竹"，不耐供职而谢官。

自从严武向朝廷禀奏，授我一官，我便常常以主忧为念。然而我离庙堂遥远，不能称职。

我固然想回到京都以图裨益，但形骸已衰败，难以负荷。进退两难，委之行色，徒唤奈何。

我在夔州最爱的，大概就是登临白帝城了。

白帝城原名子阳城，西汉末年王莽篡位时，手下大将公孙述割据了四川，自称蜀王，并在此屯兵积粮。

公孙述野心勃勃，有帝王之心。当日他骑马来到瞿塘峡口，见地势险要，难攻易守，便扩修城垒，屯兵严防。后又听说城中有口白鹤井，井中常冒出一股白色的雾气，其形状宛如白龙，直冲九霄，公孙述便故弄玄虚，说这是"白龙出井"，是他日后必然登基成龙的征兆。

公孙述就此自称白帝，于此建都，所建子阳城取名"白帝城"，夔州实际就是以白帝城为基础扩建。

> 城尖径仄旌旆愁，独立缥缈之飞楼。峡坼云霾龙虎卧，江清日抱鼋鼍游。扶桑西枝对断石，弱水东影随长流。杖藜叹世者谁子，泣血迸空回白头。（《白帝城最高楼》）

站在城角尖尖，小路逼仄的城楼上，多么飘渺。江峡东自扶桑，西及弱水，广阔无垠。我在此地，挂杖叹息，回思往事，将毕生点点血泪抛洒空中。

我先在西阁住了将近一年。

大历二年（767）三月，我在瀼西买了四十亩柑园，便搬到瀼西居住，那就是瀼西草堂。

在瀼西草堂的日子里，因天气炎热，我常去附近孔明庙松柏树下乘凉。

孔明庙前有老柏，柯如青铜根如石。霜皮溜雨四十围，黛色参天二千尺。君臣已与时际会，树木犹为人爱惜。云来气接巫峡长，月出寒通雪山白。忆昨路绕锦亭东，先主武侯同閟宫。崔嵬枝干郊原古，窈窕丹青户牖空。落落盘踞虽得地，冥冥孤高多烈风。扶持自是神明力，正直原因造化功。大厦如倾要梁栋，万牛回首丘山重。不露文章世已惊，未辞剪伐谁能送。苦心岂免容蝼蚁，香叶终经宿鸾凤。志士幽人莫怨嗟，古来材大难为用。（《古柏行》）

祠前有株古老的柏树，枝干如青铜、根柢如盘石，人云当年诸葛孔明手植。

树干四十围，树高二千尺，当年刘备孔明君臣遇合已成过去，树木至今犹被爱惜。

柏树高耸，树颠的云雾飘去，与巫峡袅袅相接。月亮的清冽寒光，更是直通岷山。这让我想起了在成都的草堂，也是靠近着先生的祠堂。君臣有庙，英雄堕泪。

"落落盘踞虽得地，冥冥孤高多烈风。"我爱这古柏树，神明呵护，造化钟灵，器宇非凡。

看着这柏树，我释然了。其实天下志士幽人不必怨叹宏图不展，大材一贯难得重用，自古犹然。我劝他人，也安慰自己。

夔州先是暑热不尽，后来凉爽起来，却又经常下雨。

江上日多雨，萧萧荆楚秋。高风下木叶，永夜揽貂裘。勋业频看镜，行藏独倚楼。时危思报主，衰谢不能休。（《江上》）

竖儒守一经，未足识行藏。我报主心切，虽衰年未肯自倭，当此乱世，除了一笔笔记下这伤怀的历史，却也不知所措。怀抱旧臣忧国之心，我时常长夜

不眠以至曙光显现，故常去江上倚楼散心。

夔州期间，我写了八哀诗。

写了"永系五湖舟，悲甚田横客。千秋汾晋间，事与云水白"的王思礼，王思礼是朔方军将王虔威之子。少习军事，先后隶属于河东节度使王忠嗣、陇右节度使哥舒翰麾下，曾参与攻取石堡城。安史之乱时，王思礼随哥舒翰镇守潼关。潼关失守后，西逃安化郡，获唐肃宗赦免。旋即出任关内节度使，参与收复两京。相州之战时，各军溃败，唯王思礼与李光弼全军而归。累官河东节度使，封霍国公，上元元年（760），升任司空，为唐初以来身居三公而不居相位的第一人。

写了"平生白羽扇，零落蛟龙匣。雅望与英姿，恻怆槐里接"的李光弼。"直笔在史臣，将来洗箱箧。吾思哭孤冢，南纪阻归楫。"（《故司徒李公光弼》）李光弼，出身"柳城李氏"，左羽林大将军李楷洛第四子。初任左卫亲府左郎将，袭封蓟郡公。天宝十五载（756），经郭子仪推荐而任为河东节度副使，参与平定安史之乱。乾元二年（759），任天下兵马副元帅、朔方节度使。宝应元年（762），命军镇压浙东袁晁起义，进封临淮郡王。次年，安史之乱平定，李光弼"战功推为中兴第一"，获赐铁券，名藏太庙，绘像凌烟阁。

我写了"公来雪山重，公去雪山轻"的严武。

写了《赠太子太师汝阳郡王琎》："汝阳让帝子，眉宇真天人。虬髯似太宗，色映塞外春。"

写了《赠秘书监江夏李公邕》："忠贞负冤恨，宫阙深旒缀。放逐早联翩，低垂困炎厉。口斜鹏鸟入，魂断苍梧帝。"

写了《故秘书少监武功苏公源明》："一麾出守还，黄屋朔风卷。不暇陪八骏，虏庭悲所遣。平生满尊酒，断此朋知展。忧愤病二秋，有恨石可转。"

写了《故著作郎贬台州司户荥阳郑公虔》："空闻紫芝歌，不见杏坛丈。天长眺东南，秋色余魍魉。别离惨至今，斑白徒怀曩。"

写了《故右仆射相国张公九龄》："相国生南纪，金璞无留矿。仙鹤下人

间，独立霜毛整。矫然江海思，复与云路永。"张九龄，七岁知属文，唐中宗景龙初年进士，始调校书郎。

玄宗即位，迁右补阙。历官中书侍郎、同中书门下平章事、中书令。母丧夺哀，拜同平章事。

张九龄举止优雅，风度不凡。自去世后，玄宗对宰相推荐之士，总要问"风度得如九龄否"？

他忠耿尽职，秉公守则，直言敢谏，选贤任能，不徇私枉法，不趋炎附势，是"开元之治"的功臣。

我写他们，也写自己。

我写过去，写当下，写这大半生。

夔州秋兴

这时安史之乱虽已平定，但边患未除。

我虽处江湖之远，仍然痛感朝廷将帅平庸无能，位卑未敢忘忧国，故作诗以讽。

我爱在律诗中发议论，于是写了《诸将五首》，我叹息诸将不能抵御吐蕃内侵。

汉朝陵墓对南山，胡虏千秋尚入关。昨日玉鱼蒙葬地，早时金碗出人间。见愁汗马西戎逼，曾闪朱旗北斗殷。多少材官守泾渭，将军且莫破愁颜。（《诸将五首·其一》）

广德元年（763），犬戎犯关度陇，兵不血刃而入京师，代宗出逃。于是犬戎劫宫阙，焚陵寝，长安沦陷。

西汉诸陵及大臣墓多与终南山相对，后汉赤眉曾发掘诸陵，取其宝货。董卓使吕布曾发诸帝陵及公卿以下冢墓，收其珍宝，如今仿佛历史重现。

我不忍心直接描述我朝陵墓被毁，所以我写"昨日玉鱼蒙葬地，早时金碗出人间"。

这是来自《两京新记》和《搜神记》的故事。《两京新记》说宣政门内宣

政殿初成，每见数十骑驰突出，于是高宗使巫祝刘明奴问其缘由。鬼曰：我汉楚王戊太子，死葬于此。

奴问：《汉书》，戊与七国反，诛死无后，焉得葬此？鬼答：当时入朝，以道远不从坐，后病死，天子于此葬，《汉书》自遗误耳。

明奴因宣诏，欲为改葬。鬼曰：出入诚不安，改葬幸甚。天子遗我玉鱼一双，今犹未朽，勿见夺也。明奴以事奏闻，及发掘，玉鱼宛然，棺椁略尽。

《搜神记》里则说卢充家西边有崔少府墓。充一日入一府舍，见少府，少府以小女与充为婚。三日，崔曰：君可归，女生男，当以相还。

居四年，三月三日，临水戏，忽见崔氏抱儿还充，又与金碗，并赠诗。充取儿、碗及诗，女忽不见。充诣市卖碗，崔女姨母曰：昔吾妹之女，未嫁而亡，赠一金碗着棺中。

如今看来，玉鱼和金碗又将重见天日。

我叹息回纥入境而诸将不能分忧。

　　韩公本意筑三城，拟绝天骄拔汉旌。岂谓尽烦回纥马，翻然远救朔方兵。胡来不觉潼关隘，龙起犹闻晋水清。独使至尊忧社稷，诸君何以答升平。（《诸将五首·其二》）

起初朔方军与突厥以黄河为界。神龙三年（707），朔方军总管沙吒忠义为突厥所败，中宗诏张仁愿摄御史大夫代之。张仁愿历事则天、中宗朝，以功封韩国公。

张仁愿乘突厥之虚夺漠南之地，于河北筑三"受降城"，首尾相应，以绝突厥南侵之路，自此突厥不敢逾山牧马，朔方遂安。

肃宗时，朔方军收京，败吐蕃，皆借助回纥骑兵。韩公泉下一定无法相信，我朝还会有借兵回纥的一天，"受降城"形同虚设。

回纥出兵原本另有企图，永泰元年（765），回纥毁盟约，联合吐蕃入侵。可惜诸将当年皆无远见，因循求助，而今庸懦无能，不能制外患。

我叹息面对乱后民困，诸将不行屯田。

　　洛阳宫殿化为烽，休道秦关百二重。沧海未全归禹贡，蓟门何处尽尧封。朝廷衮职虽多预，天下军储不自供。稍喜临边王相国，肯销金甲事春农。（《诸将五首·其三》）

汉时，董卓挟持汉献帝迁都长安，临行前悉烧宫庙，二百里内，室屋荡尽。曹植有诗描述当时惨状：洛阳何寂寞，宫室尽烧焚。而秦地一向险固，号称二万人足当诸侯百万人，但如今烽火早就燃过了守关。百官平叛而出将入相，却置生灵涂炭于不顾。

唯独河南副元帅王缙，请减军资钱四十万贯，修东都殿宇。金甲耀日光，方春农桑兴。

我叹息诸将不能怀远。

　　回首扶桑铜柱标，冥冥氛祲未全销。越裳翡翠无消息，南海明珠久寂寥。殊锡曾为大司马，总戎皆插侍中貂。炎风朔雪天王地，只在忠臣翊圣朝。（《诸将五首·其四》）

扶桑本在碧海之东岸，绵延万里，此即南海郡。南方古国越裳国，在交趾以南。五铜柱山，形若倚盖，后汉时马援植两铜柱，以示汉之南极。

周成王时，越裳国便来朝献白雉，后来也长期进献翡翠。李辅国以中官拜大司马，鱼朝恩以中官为观军容使，杨思勖讨安南五溪，残酷好杀，故越裳不贡。吕太一收诛南海，阻兵作乱，故南海不靖。而岭南自明皇南诏之败，继以中原多故，其地未平。

越裳早不朝贡，诸将又何以不能收复旧疆？

我思镇蜀失人、亟需严武之将略。

锦江春色逐人来，巫峡清秋万壑衰。正忆往时严仆射，共迎中使望乡台。主恩前后三持节，军令分明数举杯。西蜀地形天下险，安危须仗出群材。（《诸将五首·其五》）

杜鸿渐入蜀，军政全权交给崔旰，日日与僚属纵酒高会，有负主恩。必如严武出群之才，方可安危重寄。

夔州渐渐进入了秋天。我的悲秋情怀也一天天深重，尤其当我面对天上的月华。

江月光于水，高楼思杀人。天边长作客，老去一沾巾。玉露团清影，银河没半轮。谁家挑锦字，烛灭翠眉颦。（《江月》）

月光荡漾在水上，从高楼望去，深感孤寂，令人愁杀。在远离故乡的天边久久为客，到老仍然不得还家，恐怕会客死他乡。

看月亮的清影照着玉露，天河仿佛吞没了半轮。明月照高楼，流光正徘徊，月色明皎如此。想那窦滔妻苏蕙，绣《回文璇玑图》，挑锦线以刺字，将诗织入锦，欲寄征夫，也正如今日此时绣字空闺、挑残烛而颦眉的思妇和我这归不去的羁人一样吧。

秋思日盛，我便写了《秋兴》八首。如今是大历元年（766），我五十五岁。

安史之乱历时八年，至广德元年（763）结束。之后吐蕃、回纥乘虚而入，藩镇拥兵割据，我的王朝已遭重创。

自严武去世，我携家沿江东下，如今滞留夔州。年老体衰，知交零落，壮志未酬，于是唱出这凄清秋声，是为《秋兴八首》。

一唱漫天秋色、丛菊孤舟羁旅苦。

玉露凋伤枫树林，巫山巫峡气萧森。江间波浪兼天涌，塞上风云接地阴。丛菊两开他日泪，孤舟一系故园心。寒衣处处催刀尺，白帝城高急暮砧。

看那峡中江水，波浪滔天，如同裹挟着天也一起涌来。看那塞上风云滚滚，仿佛与地面相连。两度菊开，盛开的是我漂泊他乡的眼泪。一叶孤舟，唯一系念的是我的故园。无法言喻处，传来赶制冬衣、急促捣衣的刀尺暮砧声。

二唱悲笳微吟故乡情事远。

夔府孤城落日斜，每依北斗望京华。听猿实下三声泪，奉使虚随八月槎。画省香炉违伏枕，山楼粉堞隐悲笳。请看石上藤萝月，已映洲前芦荻花。

《水经注》记载，每至晴初霜旦，林寒涧肃，常有高猿长啸，空谷传响，哀转久绝，故渔者歌曰，巴东三峡巫峡长，猿鸣三声泪沾裳。又《博物志》云，近有人居海渚者，年年八月有浮槎去来不失期，人有奇志，乘槎而去，十余月至一处，有城郭状，宫中有织妇，见一丈夫牵牛渚次饮之，因问此是何处，答曰，访严君平则知之。因还，至蜀，问君平，曰，某年某月，有客星犯牵牛宿。计其年月，正是此人到天河时也。

我身在孤城，翘首北望，从黄昏至深宵，便听着这猿声，看着浮槎来来去去。身在剑南，心怀渭北，有家不能归。

三唱独坐江楼事与愿违。

千家山郭静朝晖，日日江楼坐翠微。信宿渔人还泛泛，清秋燕子故飞飞。匡衡抗疏功名薄，刘向传经心事违。同学少年多不贱，五陵衣马自

轻肥。

每个白帝城平凡的清晨，我于秋日朝晖登楼远望。连续两夜在船上过夜的渔人，仍泛舟漂流，燕子仍然在清秋展翅而飞。汉朝匡衡敢于直谏，他把功名看得很淡。刘向致力传授经学，无奈并不如意称心。而我年少同学多已富贵，均在长安五陵衣马自轻肥。

四唱世事如棋局局新。

> 闻道长安似弈棋，百年世事不胜悲。王侯第宅皆新主，文武衣冠异昔时。直北关山金鼓振，征西车马羽书驰。鱼龙寂寞秋江冷，故国平居有所思。

现今长安陷入争夺的棋局，人事更变，纲纪崩坏，边境不稳。王侯之家，委弃奔窜，高门宅第，易为新主。文武之官，侥幸滥进。北忧西患，总不平静。

五唱巍峨壮丽当年识圣颜。

> 蓬莱宫阙对南山，承露金茎霄汉间。西望瑶池降王母，东来紫气满函关。云移雉尾开宫扇，日绕龙鳞识圣颜。一卧沧江惊岁晚，几回青琐点朝班。

蓬莱宫阙，巍峨终南，西望瑶池，紫气东来，从前皇上龙袍上的光芒如在眼前。我已卧病沧江，更不济暮年岁晚，数度梦醒，也曾点过朝班。

六唱曲江万里风烟盛难再。

> 瞿唐峡口曲江头，万里风烟接素秋。花萼夹城通御气，芙蓉小苑入边愁。朱帘绣柱围黄鹄，锦缆牙樯起白鸥。回首可怜歌舞地，秦中自古帝

王州。

曲江池，开元中疏凿为胜境，花卉环周，烟水明媚，都人游赏盛于中和上巳节。当年的江上离宫，江间画舫，为曲江歌舞之场。宫殿密而黄鹄之举若围，舟楫多而白鸥之游忽起，帝王耽于逸乐游宴，断送了大好河山。

七唱我朝富贵如浮云。

　　昆明池水汉时功，武帝旌旗在眼中。织女机丝虚月夜，石鲸鳞甲动秋风。波漂菰米沉云黑，露冷莲房坠粉红。关塞极天唯鸟道，江湖满地一渔翁。

长安昆明池，乃汉武帝时为作战，训练水军而开凿。遥想荡漾的水波令人追忆武帝军队的旌旗，如今是否已干枯苍凉？而我一生飘泊无依，也恰如泛舟江上孤独的渔翁。

八唱长安胜境溯旧游。

　　昆吾御宿自逶迤，紫阁峰阴入渼陂。香稻啄余鹦鹉粒，碧梧栖老凤凰枝。佳人拾翠春相问，仙侣同舟晚更移。彩笔昔曾干气象，白头吟望苦低垂。（《秋兴八首》）

当年逢春口，我在昆吾御宿，在渼陂郊游。佳人拾翠，仙侣同舟。鹦鹉啄香稻余粒，凤凰栖碧梧老枝。怎料今日，白头低垂。
我这《秋兴》八首，眼中流丽，中心哀伤。
怀乡恋阙，夫复何言。

夔州古迹

夔州多古迹。

大历元年（766），我在夔州，正值秋天。悲哉，秋之为气也，萧瑟兮草木摇落而变衰。于这清秋，我游江陵、归州，访庾信故居、宋玉宅、昭君村、蜀先主庙、武侯祠，咏为五首。

我赞赏庾信。

> 支离东北风尘际，漂泊西南天地间。三峡楼台淹日月，五溪衣服共云山。羯胡事主终无赖，词客哀时且未还。庾信平生最萧瑟，暮年诗赋动江关。（《咏怀古迹五首·其一》）

庾信，南北朝人，其家"七世举秀才""五代有文集"。其父庾肩吾为南梁中书令，亦以文才闻名。

庾信幼而俊迈，聪敏绝伦，自幼随父出入于萧纲的宫廷。后来又与徐陵一起任萧纲的东宫学士，成为宫体文学的代表，他们所创作的文体被称为"徐庾体"。累官右卫将军，封武康县侯。

侯景之乱时，庾信逃往江陵。后奉命出使西魏。因梁为西魏所灭，遂留居

北方，官至车骑大将军、开府仪同三司。北周代魏后，更迁骠骑大将军、开府仪同三司，世称"庾开府"。

时陈朝与北周通好，流寓人士，很多归还故国，唯有庾信与王褒不得回南方。庾信在北方，身居显贵，受皇帝礼遇，与诸王结布衣之交，却又深念故国乡土，为自己身仕敌国而羞愧，始终不得自由，乃作《哀江南赋》。终于隋文帝开皇元年（581）老死北方。

日暮途远，人间何世。

庾信由南入北，饱尝分裂时代的人生辛酸，文章却"穷南北之胜"。将军一去，大树飘零；壮士不还，寒风萧瑟。提挈老幼，关河累年，因之暮年诗赋动江关。

但其平生萧瑟，日月淹留，正与我同。

我崇拜屈原弟子宋玉。

摇落深知宋玉悲，风流儒雅亦吾师。怅望千秋一洒泪，萧条异代不同时。江山故宅空文藻，云雨荒台岂梦思。最是楚宫俱泯灭，舟人指点到今疑。（《咏怀古迹五首·其二》）

宋玉生前风流儒雅，身后故宅仍存。这世界没有忘记他，但这世界并不了解他。

这巫山巫峡，使人想起宋玉的《高唐赋》《神女赋》。宋玉的高唐，风起雨止，千里而逝。是借楚王与神女的欢会，委婉劝谏帝王思万方，忧国害。开贤圣，辅不逮。

但世人只欣赏他的文采辞藻，并不了解他的志向抱负。每有江船经过巫山巫峡，船夫们指指点点，谈论着哪座山峰荒台曾见过楚王神女欢会，哪片云雨预示着神女来临。

其实宋玉是词人，更是志士。其政治上矢志不遇，屡遭误解，至于曲解。这是宋玉一生最大的悲哀，也是我一生最大的悲哀。

217

我同情王昭君。

　　群山万壑赴荆门，生长明妃尚有村。一去紫台连朔漠，独留青冢向黄昏。画图省识春风面，环佩空归月夜魂。千载琵琶作胡语，分明怨恨曲中论。（《咏怀古迹五首·其三》）

昭君村，在荆州府归州东北四十里。夔州白帝城在三峡西头，地势较高。我站在白帝城高处，可东望三峡东口外的荆门山及其附近的昭君村，正可想象群山万壑随险急江流，奔赴荆门的雄奇壮丽。

据《西京杂记》载，汉元帝后宫既多，使画工图形，按图召幸之。宫人皆贿赂画工，昭君自恃其貌，独不与。于是画工故意丑化昭君，使其不得被皇帝宠幸。

后匈奴来朝，求美人为阏氏，皇帝便派昭君和亲。临行召见，才知其容貌秀丽，为群芳之冠。皇帝后悔不迭，因怒将画工韩延寿弃市。然而，昭君终是"一去紫台连朔漠，独留青冢向黄昏"。

昭君出塞，胡风入骨冷，夜月照心明。方调琴上曲，变入胡笳声。

而昭君在外，恨帝初不见遇，乃作《怨旷思惟歌》。诗云："秋木萋萋，其叶萎黄。有鸟处山，集于苞桑。养育毛羽，形容生光。既得生云，上游曲房。离宫绝旷，身体摧藏。志念抑沉，不得颉颃。虽得委食，心有彷徨。我独伊何，来往变常。翩翩之燕，远集西羌。高山峨峨，河水泱泱。父兮母兮，道里悠长。呜呼哀哉，忧心恻伤。"

近年来我在西南天地间飘泊，书信中原阔，干戈北斗深。也像昭君一般，思念故土，夜月魂归。

昭君之怨，我之身世家国情。

我崇敬君臣相得。

蜀主窥吴幸三峡，崩年亦在永安宫。翠华想像空山里，玉殿虚无野寺中。古庙杉松巢水鹤，岁时伏腊走村翁。武侯祠屋常邻近，一体君臣祭祀同。（《咏怀古迹五首·其四》）

　　白帝城永安宫是三国刘备的行宫，当年刘备攻打东吴驾临三峡，战败，弃舟舫，由步道还鱼复，改鱼复为永安。明年正月，刘备召丞相诸葛亮于成都。四月，殂于永安宫。

　　当年的翠旗行帐，如今只能在空山想象中觅得踪迹。"玉殿虚无缥缈，松杉栖息水鹤"。

　　每逢节气，村里的人会前来祭祀。

　　虽然时移世变，然而刘备与诸葛亮，君为元首，臣为股肱，君臣一体令人向往。

　　我敬仰诸葛孔明。

　　诸葛大名垂宇宙，宗臣遗像肃清高。三分割据纡筹策，万古云霄一羽毛。伯仲之间见伊吕，指挥若定失萧曹。运移汉祚终难复，志决身歼军务劳。（《咏怀古迹五首·其五》）

　　伊尹是商代开国君主汤之大臣，吕尚辅佐周文王、武王灭商有功。萧何和曹参均为汉高祖刘邦的谋臣。诸葛亮与伊尹、吕尚诸人不相上下，其举重若轻更使萧何、曹参为之黯然。

　　令人叹惋的是，英雄未遂平生志。

　　大历元年（766）冬，我在夔州西阁，一夜无眠。冬夜寒冷，难免伤乱思乡。

　　岁暮阴阳催短景，天涯霜雪霁寒宵。五更鼓角声悲壮，三峡星河影动

摇。野哭几家闻战伐，夷歌数处起渔樵。卧龙跃马终黄土，人事音书漫寂寥。(《阁夜》)

是时蜀中有崔旰、郭英义等互相残杀，百姓遭殃，我记录了这次战祸。这时西川军阀混战，连年不息，吐蕃不断侵袭蜀地。我的好友郑虔、苏源明、李白、严武、高适等，都先后故去了。彻夜感时忆旧，我的心情异常沉重。

因而奋笔疾书。从寒宵雪霁写到五更鼓角，从天空星河写到江上洪波，从山川形胜写到战乱人事，从当前现实写到千年往迹。

上天入地、俯仰古今。

寒宵苦短，霜雪初散。五更时听到悲壮的战鼓号角，山峡倒映着银河星辰随波动摇。野外几家哭声，战争的讯息传来，数处渔人樵夫唱起夷族的歌谣。诸葛亮和公孙述，一样终成黄土。人事变迁音书断绝，令我寂寥无限。

放开这些忧伤不论，我在夔州，夔州都督柏中丞对我频分月俸，有了政治上的依靠，我的精神为之一振。

风急天高

故跻瀼岸高，颇免崖石拥。开襟野堂豁，系马林花动。雉堞粉如云，山田麦无垄。春气晚更生，江流静犹涌。四序婴我怀，群盗久相踵。黎民困逆节，天子渴垂拱。所思注东北，深峡转修耸。衰老自成病，郎官未为冗。凄其望吕葛，不复梦周孔。济世数向时，斯人各枯冢。楚星南天黑，蜀月西雾重。安得随鸟翎，迫此惧将恐。（《晚登瀼上堂》）

瀼溪距夔州东门约半里地，通渡船。一日，我纵马而行，到了一处野堂。登上野堂，可见林花随风而动，夔州城雉堞如同浮云，山间麦田青青，傍晚的春雾初起。

不由得思绪万端，想我来夔州已经一年了，时光何其荏苒。

当世治国之才已相继逝去，南楚西蜀，天空沉沉，我不止一次担忧客死异乡。

但夔州终究并非景色不堪。

久雨巫山暗，新晴锦绣文。碧知湖外草，红见海东云。竟日莺相和，

摩霄鹤数群。野花干更落，风处急纷纷。

　　啼乌争引子，鸣鹤不归林。下食遭泥去，高飞恨久阴。雨声冲塞尽，
日气射江深。回首周南客，驱驰魏阙心。（《晴二首》）

久雨初晴。晴光映于山色，竟有碧、红之色，莺和、鹤翔之景，足以撩人
羁孤之思。更有花落纷纷，引人对晴景而感怀，叹己飘零。又有啼乌下食，鸣
鹤高飞，并雨声、日气，供人伤羁旅不归，叹身在江湖之上，心存魏阙之下。

算来大历二年（767）这年春天，有两件喜事。一是弟弟杜观自中都已达
江陵，暮春月末，行李应该会到夔州；一是听闻河北诸道节度入朝。

　　尔到江陵府，何时到峡州。乱难生有别，聚集病应瘳。飒飒开啼眼，
朝朝上水楼。老身须付托，白骨更何忧。（《得舍弟观书自中都已达江陵，
今兹暮春月末》）

想想与杜观的团聚，使我的心安定许多。我不再泪眼婆娑，我总在江楼上
朝朝盼望。人之衰老，总会乐见旧人旧事，或许，冥冥之中，我在寻找最后的
归宿。至于河北诸将归顺，天下即将太平，天下人将皆如我一般兄弟团聚，则
更加令人欣喜了。

如今已是大历二年（767）夏天。我在瀼西，闲来无事，往往弹琴消磨。

　　穷老真无事，江山已定居。地幽忘盥栉，客至罢琴书。挂壁移筐果，
呼儿问煮鱼。时闻系舟楫，及此问吾庐。（《过客相寻》）

偶尔有客来访，我便放下琴书，起身相迎。我会叫孩子们自墙上筐中取出
瓜果，又煮上几尾鱼以待来客。粗茶淡饭，这样的光阴也自有生趣。

当然夔州也有令人惊惧的景色，例如滟滪。

222

滟滪既没孤根深，西来水多愁太阴。江天漠漠鸟双去，风雨时时龙一吟。舟人渔子歌回首，估客胡商泪满襟。寄语舟航恶年少，休翻盐井横黄金。（《滟滪》）

《水经注》载："白帝城西有孤石，冬出水二十余丈，夏即没，秋时方出。谚云：滟滪大如象，瞿塘不可上，滟滪大如马，瞿塘不可下。盖舟人以此为水候也。"我是深以"江天漠漠鸟双去，风雨时时龙一吟"为惧的。

后来我移居东屯。

有一阵子，我倦于交游忙于农事。其实我是不太侍弄田地的，但如今我也开始体会到其中的安宁滋味。这年，因为新朋友孟十二要去东京参加选官考试，惹动了我的乡思。

　　　　平居丧乱后，不到洛阳岑。为历云山问，无辞荆棘深。北风黄叶下，南浦白头吟。十载江湖客，茫茫迟暮心。（《凭孟仓曹将书觅土娄旧庄》）

我想念陆浑庄了。这些年江山一片焦土，只怕这土娄旧庄早已面目全非。但愿孟十二能够到访，带回一些故乡的消息，以慰我这"十载江湖客，茫茫迟暮心"。

大历二年（767），我读到元结的《春陵行》，深有所感。

元结，字次山，天宝六载（747）应举落第后，归隐商余山，后进士及第。安禄山反，元结曾率族人避难猗玗洞。乾元二年（759），任山南东道节度使幕参谋，招募义兵，抗击史思明叛军，保全十五城。代宗时，任道州刺史，作《春陵行》。

元结，当天子分忧之地，效汉官良吏之举。今盗贼未息，知民疾苦，有元结这样的志士，天下少安可待，于是我作了《同元使君春陵行》。

遭乱发尽白，转衰病相婴。沈绵盗贼际，狼狈江汉行。叹时药力薄，为客赢瘵成。吾人诗家秀，博采世上名。粲粲元道州，前圣畏后生。观乎春陵作，欻见俊哲情。复览贼退篇，结也实国桢。贾谊昔流恸，匡衡尝引经。道州忧黎庶，词气浩纵横。两章对秋月，一字偕华星。致君唐虞际，纯朴忆大庭。何时降玺书，用尔为丹青。狱讼永衰息，岂唯偃甲兵。凄恻念诛求，薄敛近休明。乃知正人意，不苟飞长缨。凉飙振南岳，之子宠若惊。色阻金印大，兴含沧浪清。我多长卿病，日夕思朝廷。肺枯渴太甚，漂泊公孙城。呼儿具纸笔，隐几临轩楹。作诗呻吟内，墨淡字欹倾。感彼危苦词，庶几知者听。

"致君唐虞际，纯朴忆大庭。"致君尧舜，这是我的初心。"何时降玺书，用尔为丹青。狱讼永衰息，岂唯偃甲兵。凄恻念诛求，薄敛近休明。"天下大治，这是我的理想。但愿有志之士不要想着退隐，"色阻金印大，兴含沧浪清"，要知道，便是贫病如我，依然思念着朝廷。

在夔州的秋夜，我也有小小的欢喜，那就是见到萤火虫。

巫山秋夜萤火飞，帘疏巧入坐人衣。忽惊屋里琴书冷，复乱檐前星宿稀。却绕井阑添个个，偶经花蕊弄辉辉。沧江白发愁看汝，来岁如今归未归。（《见萤火》）

许许多多的萤火虫，是我秋夜的亮光和希望。它们巧入坐人衣，绕井阑，弄花蕊，带来黑夜里不灭的光辉，使我这沧江白发、狼狈老心，在无尽的漆黑中，得到些许安慰。

大历二年（767）。

萧瑟的秋天，重阳节。我又患上了严重的肺病，生活困顿。

夔州的秋天，风急，天高，猿啸，渚清，沙白，鸟飞，无一不萧瑟。

224

多年漂泊不定"常作客",远离故土家园,何止"万里",此刻"悲秋",一生"多病"。

然而新来我因病戒酒,纵有万般愁绪,也无以排遣。重阳节登高向来要饮酒助兴,如今,我连这点欢乐也已失去。只能靠在高楼之上,看"无边落木萧萧下,不尽长江滚滚来"。

　　风急天高猿啸哀,渚清沙白鸟飞回。无边落木萧萧下,不尽长江滚滚来。万里悲秋常作客,百年多病独登台。艰难苦恨繁霜鬓,潦倒新停浊酒杯。(《登高》)

公孙剑器

大历二年（767）深秋，我的耳朵听不见了。

身外的一切，忽然悄无声息，我想，是时候归隐了。

像战国楚人鹖冠子，以鹖为冠，终生不仕，以大隐著称；像西汉淄川鹿皮公，举手成器械，作祠屋，食芝草，饮神泉。我再也不用听猿猴哀鸣、雀噪晚空。

> 生年鹖冠子，叹世鹿皮翁。眼复几时暗，耳从前月聋。猿鸣秋泪缺，雀噪晚愁空。黄落惊山树，呼儿问朔风。（《耳聋》）

但我尚未隐去，却终于恢复了听力。不仅如此，我还看见了公孙大娘，确切地说，是看见了她的徒弟。我写下了一首诗，并在诗前写了一段长长的小序："大历二年十月十九日，夔府别驾元持宅，见临颍李十二娘舞剑器，壮其蔚跂，问其所师，曰：'余公孙大娘弟子也。'开元三载，余尚童稚，记于郾城观公孙氏，舞剑器浑脱，浏漓顿挫，独出冠时，自高头宜春梨园二伎坊内人洎外供奉，晓是舞者，圣文神武皇帝初，公孙一人而已。玉貌锦衣，况余白首，今兹弟子，亦非盛颜。既辨其由来，知波澜莫二，抚事慷慨，聊为《剑器行》。昔吴人张旭，善草书书帖，数常于邺县见公孙大娘舞西河剑器，自此草

书长进，豪荡感激，即公孙可知矣。"

　　昔有佳人公孙氏，一舞剑器动四方。观者如山色沮丧，天地为之久低昂。爥如羿射九日落，矫如群帝骖龙翔。来如雷霆收震怒，罢如江海凝清光。绛唇珠袖两寂寞，晚有弟子传芬芳。临颍美人在白帝，妙舞此曲神扬扬。与余问答既有以，感时抚事增惋伤。先帝侍女八千人，公孙剑器初第一。五十年间似反掌，风尘澒洞昏王室。梨园弟子散如烟，女乐余姿映寒日。金粟堆南木已拱，瞿唐石城草萧瑟。玳筵急管曲复终，乐极哀来月东出。老夫不知其所往，足茧荒山转愁疾。(《观公孙大娘弟子舞剑器行》)

　　五十六岁的我在夔府别驾元持宅第，见到了临颍李十二娘。相隔五十年，我又看到了剑舞。连年岁月黯淡，我几乎已忘记世间有如此曼妙，我的老心不觉颤抖了。

　　五十年前，我也曾目睹一次绝伦的演出，那是名角公孙大娘的飒爽舞姿，那年我六岁。

　　开元初年，政治清明，国势强盛。李隆基日理万机之暇，亲自成立了教坊和梨园。皇帝亲选乐工，亲教法曲，促成了本朝歌舞艺术的空前繁荣。

　　一时之间，宫廷内外，教坊歌舞女乐达八千人。公孙大娘和她的剑器舞，就在这蓬勃的人群中"独出冠时"。

　　本朝舞蹈分健舞和软舞。《剑器》属健舞，女子着戎装而舞。女性的柔美与戎装的刚健融合，另有一番景象。《浑脱》是流行的武舞，而公孙大娘则独具匠心地将《剑器》和《浑脱》融合，成为一种新的舞蹈。

　　那真是超凡舞技。彼时，公孙大娘身着五色绣罗襦，额上是一抹红色。起舞之际，如"羿射九日""骖龙飞翔"，观众皆为之变色。

　　我仍记得，幼年的我，站在人山人海中，为公孙大娘的舞蹈震惊倾倒。公孙大娘的剑光笼罩之下，整个天地似乎随之起伏低昂，无法恢复平静。耳边仿佛山呼海啸，我几乎失去了理智。

疲惫的生活使我已经无法记起幼时全部，但公孙大娘的剑舞却难以磨灭。那天的影像深藏在我的记忆里，似乎已经全然忘记，五十年后的这刻却被唤醒。曾经在我幼小心灵中引起的那种震撼好似重来了，早年生活忽然如画卷般展开。

我仿佛再度看见公孙大娘那红色的身影。她手中的剑器似有魔力，变幻成红旗和火炬，或旋转或翻滚，如颗颗火球自上而下旋转。

我的眼前模糊了。依稀中公孙翩翩轻举，腾空飞翔。眼看她即将结束舞蹈，那忽然的声势收敛，如雷霆收怒。然后，舞蹈完全停止了，陡然呈现的肃静空阔，如江海凝光。

是的，我全部都记起来了。

记起了那美好的、安然的、升平的幼年，记起了玄宗时的繁盛，一切都仿佛握在手中。

阔别五十年的舞姿。这五十年里，安史之乱搅乱了大唐帝国的风云。玄宗亲自挑选的梨园弟子，成千上万的俏丽身姿与美妙的音乐一起消散了。

随之消散的，就有公孙大娘，美丽已经不可再。在战火的残酷里，在奔波的岁月中，我早已淡忘了自幼年而起的绚丽，直到再度看见李十二娘。

李十二娘是公孙的弟子。我在她的剑影里看到了凋零，这是大唐的凋零。

长安城，凤凰池。家乡远，哀怨生。

大唐的剑器已经衰落了。

五十五岁的我，今已饱经忧患，流落他乡。

玄宗已死，他那金粟山上的陵墓，树木已拱。而我这个玄宗时代的小臣，却流落在草木萧条的白帝城里。

又一曲急管繁弦的歌舞之后一切告终了，下弦月已东出。仿佛跌入开元天宝五十年治乱兴衰，我四顾茫茫，百感交集，行不知所往，止不知所居。寒月荒山，踽踽独行的，是我衰老久病的身躯。

不久，我接到了弟弟杜观从蓝田把家眷接到江陵的消息，我再次决定去

江陵。

夔州下雪了。

汉时长安雪一丈，牛马毛寒缩如猬。楚江巫峡冰入怀，虎豹哀号又堪记。秦城老翁荆扬客，惯习炎蒸岁绨绤。玄冥祝融气或交，手持白羽未敢释。

去年白帝雪在山，今年白帝雪在地。冻埋蛟龙南浦缩，寒刮肌肤北风利。楚人四时皆麻衣，楚天万里无晶辉。三足之乌足恐断，羲和送将何所归。（《相和歌辞·前苦寒行二首》）

如此苦寒，这是我在夔州第二个也是最后一个冬天。

登岳阳楼

元宵节前后，我携家离开夔州。

新年，我仍在外漂泊。

汝啼吾手战，吾笑汝身长。处处逢正月，迢迢滞远方。飘零还柏酒，衰病只藜床。训喻青衿子，名惭白首郎。赋诗犹落笔，献寿更称觞。不见江东弟，高歌泪数行。（《元日示宗武》）

"处处逢正月，迢迢滞远方。""不见江东弟，高歌泪数行。"我不知何时能够返归故乡。

一路行去，我们到了峡州。峡州田侍御有心，为我们设宴洗尘、饯行。

北斗三更席，西江万里船。杖藜登水榭，挥翰宿春天。白发烦多酒，明星惜此筵。始知云雨峡，忽尽下牢边。（《春夜峡州田侍御长史津亭留宴（得筵字）》）

我久已向往出峡，然而真到了这天，却似梦境一般，倏忽便经过了。

大历三年（768）春，来不及细细观赏沿途风景，我们便到达江陵。

230

我去了族弟杜位家，他这时是卫伯玉节度使的行军司马。嗣后，便是各种交游，我在当地官绅的宴席上，与老友李之芳、郑审重聚了。

在江陵，我倒略有些归家的感受了。

> 闻道今春雁，南归自广州。见花辞涨海，避雪到罗浮。是物关兵气，何时免客愁。年年霜露隔，不过五湖秋。（《归雁》）

这一天，王郎将西游成都，我们在仲宣楼为他饯行。

> 王郎酒酣拔剑斫地歌莫哀，我能拔尔抑塞磊落之奇才。豫章翻风白日动，鲸鱼跋浪沧溟开。且脱佩剑休徘徊，西得诸侯棹锦水。欲向何门跱珠履，仲宣楼头春色深。青眼高歌望吾子，眼中之人吾老矣。（《短歌行，赠王郎司直》）

仲宣楼，在江陵城东南。仲宣是三国时诗人王粲的字，他到荆州去投靠刘表，怀才不遇，作《登楼赋》。后梁时高季兴在江陵建了仲宣楼。

其实王郎在江陵不得志，酒兴浓时，拔剑起舞，斫地悲歌。我想这年轻人，如豫如章如鲸。豫章的枝叶在大风中时，可动摇太阳，而鲸鱼在海浪中纵游，可使沧海翻腾。

《史记·春申君传》说："春申君客三千余人，其上客皆蹑珠履。"我祝愿他此去西川，得到蜀中大员的赏识，穿上装饰着明珠的鞋子。

这年夏天，江陵节度卫伯玉被遣入京进奉端午御衣，这勾起了我的往事。

> 肃宗昔在灵武城，指挥猛将收咸京。向公泣血洒行殿，佐佑卿相乾坤平。逆胡冥寞随烟烬，卿家兄弟功名震。麒麟图画鸿雁行，紫极出入黄金印。尚书勋业超千古，雄镇荆州继吾祖。裁缝云雾成御衣，拜跪题封向端午。向卿将命寸心赤，青山落日江湖白。卿到朝廷说老翁，漂零已是沧浪客。（《惜别行，送向卿进奉端午御衣之上都》）

我想起了肃宗，想起当年赐御衣的端午。只是，"卿到朝廷说老翁，漂零已是沧浪客"。

但在江陵我仍无生计。

> 地阔平沙岸，舟虚小洞房。使尘来驿道，城日避乌樯。暑雨留蒸湿，江风借夕凉。行云星隐见，叠浪月光芒。萤鉴缘帷彻，蛛丝冒冪长。哀筝犹凭几，鸣笛竟沾裳。倚著如秦赘，过逢类楚狂。气冲看剑匣，颖脱抚锥囊。妖孽关东臭，兵戈陇右创。时清疑武略，世乱踏文场。馀力浮于海，端忧问彼苍。百年从万事，故国耿难忘。（《遣闷》）

一切都可以随遇而安，唯独故国不敢稍忘。

江陵既然不可久留，更无法定居，我便想重游江东，去找弟弟杜丰。然后循江南河，经梁宋返回洛阳入京。

这年暮秋，我再度携家登舟，离此去公安。当时郑审是江陵少尹，我便作诗以寄。

> 更欲投何处，飘然去此都。形骸原土木，舟楫复江湖。社稷缠妖气，干戈送老儒。百年同弃物，万国尽穷途。雨洗平沙净，天衔阔岸纡。鸣螀随泛梗，别燕赴秋菰。栖托难高卧，饥寒迫向隅。寂寥相响沫，浩荡报恩珠。溟涨鲸波动，衡阳雁影徂。南征问悬榻，东逝想乘桴。滥窃商歌听，时忧下泣诛。经过忆郑驿，斟酌旅情孤。（《舟中出江陵南浦，奉寄郑少尹（审）》）

其实这一番离开，我也不知将往何方？我被战乱断送了半生，如同弃物辗转。不曾高卧无忧，只是饥寒交迫。一向受尽冷遇，故此感念郑审"经过忆郑驿，斟酌旅情孤"。

公安在江陵南九十里，很快就到了。到达前夜，我们曾在山间投宿，惨淡阴森，如鬼吹灯。

到了公安，倒是受到县尉的热情接待，还在此地遇见了老朋友顾戒奢。顾戒奢，与韩择木、有邻齐名，玄宗时曾为太子文学翰林待诏，以八分书法为当时所重。我们在长安结识，后我被贬，顾戒奢亦流落江湖。这次重逢，听说顾戒奢马上要去江西南昌、吉安等地谋出路，我便写诗相送，我祝愿他能为苍生百姓继续贡献聪明才智。

不幸的是，我在公安听说了李之芳的死讯。何曾想到，我们在江陵竟是最后一面。李之芳是蒋王李恽曾孙，有令誉，安禄山奏为范阳司马。

安禄山反，他自拔归京师，历工部侍郎、太子右庶子。广德初，诏兼御史大夫使吐蕃，被留二年乃得归，拜礼部尚书，改太子宾客。也许因为刚刚见过面，对李之芳的离世，我几乎不能置信。

> 涕泗不能收，哭君余白头。儿童相识尽，宇宙此生浮。江雨铭旌湿，湖风井径秋。还瞻魏太子，宾客减应刘。（《重题》）

秋色凋春草。

生命就是一个不断重逢又离别的过程，在一次次的告别中，在老境渐深而家园无着的情形下，我不知道，这样的告别还能有多少？也许，每一次都是最后一次。

我在公安也并不如意，于是年前离开，东下岳阳，路上愁闷更深。这时我已恢复听力，但却听到了感伤的觱篥。

> 夜闻觱篥沧江上，衰年侧耳情所向。邻舟一听多感伤，塞曲三更欻悲壮。积雪飞霜此夜寒，孤灯急管复风湍。君知天地干戈满，不见江湖行路难。（《夜闻觱篥》）

青苍江上，夜闻觱篥，如此凄凉，顿起羁旅情。这悲伤的乐曲是从邻舟传来，悲壮的塞曲，在三更半夜的旅程响起。积雪飞霜，冬夜严寒，孤灯影里，急管声中，风急浪湍。吹觱篥的人啊，恨干戈满天，怎不见我，多病多愁，行路艰难。

不久，我们到了岳阳。

> 岁云暮矣多北风，潇湘洞庭白雪中。渔父天寒网罟冻，莫徭射雁鸣桑弓。去年米贵阙军食，今年米贱大伤农。高马达官厌酒肉，此辈杼轴茅茨空。楚人重鱼不重鸟，汝休枉杀南飞鸿。况闻处处鬻男女，割慈忍爱还租庸。往日用钱捉私铸，今许铅锡和青铜。刻泥为之最易得，好恶不合长相蒙。万国城头尽吹角，此曲哀怨何时终。（《岁晏行》）

年终岁末，遍地飒飒北风，潇湘洞庭俱在白皑皑飞雪之中。寒天冻结了渔父的渔网，莫徭人射雁拉响桑弓。

去年米贵，故军粮缺乏，而今年，米贱伤农。达官显贵已吃厌酒肉，孤苦的百姓却穷得织机、茅屋都被扫空。

楚人并不愿吃鸟肉，你们不要白白杀害南飞的孤鸿，听说处处卖儿卖女以偿还租庸。

过去严禁私人熔铸钱币，何以今天竟允许，在铅锡中掺和青铜？刻泥的钱模容易取得，但不应让好钱与坏钱长久如此欺蒙。听处处城头吹起号角，哀怨的曲调何时告终。

> 昔闻洞庭水，今上岳阳楼。吴楚东南坼，乾坤日夜浮。亲朋无一字，老病有孤舟。戎马关山北，凭轩涕泗流。（《登岳阳楼》）

大历三年（768）春，我由夔州出峡，因兵乱漂流在江陵、公安等地。这年冬天，我从公安到了岳阳。

到岳阳后，某天，我登上了岳阳楼。

过去早就听闻，今天终于如愿。在楼上可见，洞庭浩瀚，吴国和楚国从湖的东南分开，天地好像日日夜夜在湖上浮动。

想亲朋友并无一字寄我，年老多病只剩一叶孤舟。北方的边关正在鏖战，我靠着岳阳楼的栏杆老泪纵横流。

落花时节

到岳阳后，我与当地官绅见过一面。

　　湖阔兼云雾，楼孤属晚晴。礼加徐孺子，诗接谢宣城。雪岸丛梅发，春泥百草生。敢违渔父问，从此更南征。（《陪裴使君登岳阳楼》）

稍作停留，大历四年（769），一开春我便继续赴潭州。

　　春岸桃花水，云帆枫树林。偷生长避地，适远更沾襟。老病南征日，君恩北望心。百年歌自苦，未见有知音。（《南征》）

由岳阳往长沙。春水方生，桃花夹岸，锦浪浮天。云帆一片，征途千里，极目四望，枫树成林。

旅程中的忧郁，与春江上的盎然生意，令人触景伤情。如今我年老多病，理当北归长安，然而命运，却迫使我南往衡湘。

"老病南征日，君恩北望心。"谁能相信，至今我仍想报效朝廷。

我一路行去，皆有诗留存。

236

行过草木青青的洞庭。

行过薄暮壮阔的白沙驿。

行过荒凉的湘妃庙。

只叹老病漂流，无人可依。叹息里，我们到达潭州。

又乘船溯湘江奔赴南岳，晚泊回塘。

早宿宾从劳，仲春江山丽。飘风过无时，舟楫敢不系。回塘澹暮色，日没众星嘒。缺月殊未生，青灯死分翳。穷途多俊异，乱世少恩惠。鄙夫亦放荡，草草频卒岁。斯文忧患馀，圣哲垂象系。（《宿凿石浦（浦在湘潭县西）》）

前往衡州途中，但见哀鸿遍野。

歌哭俱在晓，行迈有期程。孤舟似昨日，闻见同一声。飞鸟数求食，潜鱼亦独惊。前王作网罟，设法害生成。碧藻非不茂，高帆终日征。干戈未揖让，崩迫开其情。（《早行》）

我们去衡州，原想投奔刺史韦之晋，谁知他很快调离，旋即又病逝于潭州。是夏，我们当即复归潭州。命运，似乎已经开始对我张开了迎接归去的双臂。

冬天的时候，卢侍御护送韦之晋的灵柩返京，卢侍御是我祖母卢氏的娘家人。

朔风吹桂水，朔雪夜纷纷。暗度南楼月，寒深北渚云。烛斜初近见，舟重竟无闻。不识山阴道，听鸡更忆君。（《舟中夜雪，有怀卢十四侍御弟》）

所有的希望都在渐渐消失，我似乎已经无法向前走。

江汉思归客，乾坤一腐儒。片云天共远，永夜月同孤。落日心犹壮，秋风病欲疏。古来存老马，不必取长途。（《江汉》）

我已五十九岁，北归无望，生计日蹙。但孤忠仍存，壮心犹在。

思归而不能归，天涯沦落人。我这天地间的一介腐儒，如我者能有几人？远浮天边的片云，孤悬明月的永夜，如我一般，共远同孤。

落日如何？秋风又如何？烈士暮年，壮心不已。

《韩非子·说林上》载，齐桓公伐孤竹返，迷惑失道。于是他接受管仲"老马之智可用"的建议，放老马而随之，果然"得道"。可见存养老马，不在乎它的力量，而是珍惜它的才智。

大历五年（770），我生命中最后一年。

江上人家桃树枝，春寒细雨出疏篱。影遭碧水潜勾引，风妒红花却倒吹。吹花困懒傍舟楫，水光风力俱相怯。赤憎轻薄遮人怀，珍重分明不来接。湿久飞迟半欲高，萦沙惹草细于毛。蜜蜂蝴蝶生情性，偷眼蜻蜓避伯劳。（《风雨看舟前落花，戏为新句》）

我们仍留滞潭州，以舟为家。那天，一只燕子飞到船上。

湖南为客动经春，燕子衔泥两度新。旧入故园曾识主，如今社日远看人。可怜处处巢居室，何异飘飘托此身。暂语船樯还起去，穿花贴水益沾巾。（《燕子来舟中作》）

旧时这燕子入我故园，曾经相识。如今又逢春社之日，你竟远远地来看我，也在疑惑。

疑惑我何以如此孤独衰老？我的故园又如何？

"可怜处处巢居室，何异飘飘托此身。"你怜我老病一身，我怜你居无定所。

你翩然来舟，慰我寂寞，却不得不立即飞去，捉虫衔泥。

有春燕，便有落花。

我看见了那朵落花，那曾经盛放朝堂的花朵，李龟年。

岐王宅里寻常见，崔九堂前几度闻。正是江南好风景，落花时节又逢君。（《江南逢李龟年》）

在我心中，李龟年是鼎盛的开元，也是我浪漫的青少年。十四岁那年，我曾在岐王李范、秘书监崔涤的大宅子里听李龟年唱歌。李龟年是开元初最著名的歌手，贵族豪门争相请他去演唱。玄宗的弟弟岐王李范，风流儒雅，热爱音乐，故李龟年是其常客。

玄宗洞晓音律，尤其擅长羯鼓横笛。甚至，他击鼓的本事超过李龟年。李氏三兄弟，龟年、彭年、鹤年都颇富文艺天分。李彭年善舞，李鹤年则善歌，李龟年擅吹，也长于作曲，他们创作的《渭川曲》极受玄宗赏识。

认识李龟年时，我是少年，李方年少。而我们的王朝也是年轻的，朝气蓬勃。

太平盛世，人人热爱文艺。"开元全盛日"，是黄金般的年代。李龟年们住在东都洛阳，府邸华美甚至超过了公侯府第。与此同时，那些王公贵胄无数次为他们的音乐所倾倒，他们所获的赏赐成千上万。

在美丽的筚篥与羯鼓声中，贵族与俳优，良辰美景，歌以咏之。

开元年间，宫中得到红、紫、浅红、通白四个品种牡丹，移植在特为太真妃新建成的沉香亭边。值花卉繁开，玄宗乘照夜白宝马，太真妃乘步辇相随，前往沈香亭畔观赏牡丹。玄宗命李龟年持御用金花笺，宣召李白进宫，让他立刻写出新调。

李白酒醉未醒，提笔一挥而就，写成《清平调》三章：

云想衣裳花想容，春风拂槛露华浓。若非群玉山头见，会向瑶台月下逢。

一支红艳露凝香，云雨巫山枉断肠。借问汉宫谁得似，可怜飞燕倚新妆。

名花倾国两相欢，长得君王带笑看。解释春风无限恨，沉香亭北倚栏杆。

李龟年立即引喉唱之，玄宗亲吹玉笛为李龟年伴奏。

如牡丹一般，那是怎样美好的年华。丝竹悦耳，舞姿曼妙，现世安稳，岁月静好。

李龟年也好，我也好，自然都常回想起当年那些如阳光般和煦的日子，那是多么令人心满意足的日子。

但这样的日子说断就断了。天宝十四载（755），从唐王朝广袤疆土里一个小小渔阳村镇发端，身具胡人血统的安禄山屯兵十五万，并以一日六十里的行军速度，南下取洛阳，我朝的半壁江山转眼即成疮痍。

安史之乱，持续了整整七年，山河破碎，百姓家破人亡，李龟年也因此流落到江南。

如今这位"青春事汉主，白首入秦城"的音乐人，只剩满腔回忆。如今李龟年还是没能戒掉演唱，虽然每次演唱都使他的心更痛。每逢良辰美景，他便唱上几嗓，他唱得那般哀婉，令听者泫然而泣。

然而他不能不唱，虽然一次次的伤心几乎要了他的命。可如今，除此而外，他尚有何物存世？繁华也罢，恩宠也罢，统统是梦。

今天，他又唱了。

在湘中采访使举办的宴会上，他唱了王维的《相思》："红豆生南国，春来发几枝？愿君多采撷，此物最相思。"他感到心一阵阵痛，这首歌，是王维写给他的。

他又唱了王维的《伊川歌》："清风明月苦相思，荡子从戎十载余。征人去日殷勤嘱，归燕来时数附书。"他想念他的君王，但玄宗已无法听到臣子切切的期待。

唱完后他突然晕倒了，只有耳朵还有热气，其妻不忍殡殓之。四天后李龟年又苏醒过来，最终郁郁而死。

但是，他的歌唱还是被听到了。一次宴会上，同样流落江南的我竟然再度听到了他熟悉的歌声。

岐王李范是玄宗的弟弟，崔九是中书令崔湜的弟弟，玄宗的宠臣。

李龟年是玄宗宠爱的俳优，他们都已是过眼云烟。

李龟年继续唱着，他唱着《长生殿弹词》："不提防余年值乱离，逼拶得歧路遭穷败。受奔波风尘颜面黑，叹衰残霜雪鬓须白。今日个流落天涯，只留得琵琶在！揣羞脸，上长街，又过短街。那里是高渐离击筑悲歌，倒做了伍子胥吹箫也那乞丐！"

唱不尽兴亡梦幻，弹不尽悲伤感叹，凄凉满眼对江山。这位"也曾在梨园籍上姓名题，亲向那沉香亭花里去承值，华清宫宴上去追随"的艺人，如今也只能流落天涯。而我，辗转漂泊到潭州，"疏布缠枯骨，奔走苦不暖"，晚境凄凉。

几十年之后，我们在江南重逢。

这时，遭受了八年动乱的唐王朝业已从繁荣昌盛的顶峰跌落，陷入重重矛盾之中。落花流水，彼此形容憔悴。

也许是命运，秋尽冬来，我生命里那些最初的微笑，都一一前来告别。我想，是时候离去了。抱病躺在潭州夫往岳阳的船上，百感交集的我，写下了今生最后一首诗。

轩辕休制律，虞舜罢弹琴。尚错雄鸣管，犹伤半死心。圣贤名古邈，羁旅病年侵。舟泊常依震，湖平早见参。如闻马融笛，若倚仲宣襟。故国悲寒望，群云惨岁阴。水乡霾白屋，枫岸叠青岑。郁郁冬炎瘴，蒙蒙雨滞淫。鼓迎非祭鬼，弹落似鸮禽。兴尽才无闷，愁来遽不禁。生涯相汩没，时物自萧森。疑惑尊中弩，淹留冠上簪。牵裾惊魏帝，投阁为刘歆。狂走终奚适，微才谢所钦。吾安藜不糁，汝贵玉为琛。乌几重重缚，鹑衣寸寸针。哀伤同庾信，述作异陈琳。十暑岷山葛，三霜楚户砧。叨陪锦帐座，久放白头吟。反朴时难遇，忘机陆易沉。应过数粒食，得近四知金。春草封归恨，源花费独寻。转蓬忧悄悄，行药病涔涔。瘗天追潘岳，持危觅邓林。蹉跎翻学步，感激在知音。却假苏张舌，高夸周宋镡。纳流迷浩汗，峻址得嶔岑。城府开清旭，松筠起碧浔。披颜争倩倩，逸足竞骎骎。朗鉴存愚直，皇天实照临。公孙仍恃险，侯景未生擒。书信中原阔，干戈北斗深。畏人千里井，问俗九州箴。战血流依旧，军声动至今。葛洪尸定解，许靖力还任。家事丹砂诀，无成涕作霖。（《风疾舟中伏枕书怀三十六韵，奉呈湖南亲友》）

　　请轩辕黄帝休要制律，请有虞氏舜停下弹琴。若非律管有误，伤了琴心，我怎会有如此刻，半死半生？

　　我寄居他乡，小船常常歇在岸边，倚伴晚霞。

　　湖水平阔辽远，我一次次，捧着枯索的老心，凝视清晨第一颗明星。

　　寒冷中，我悲伤远望，我想念着远方的故乡。

　　生活使人沉沦，离去令人哀伤。巴蜀十年，楚地三载。春草隔断北归路，流落蓬草随风飘。

　　看城阙放朝晖，见松竹起于碧水。家信不传，干戈长安。伤心事多，岂非必死？

　　悲喜五十九个春秋。我今生绝笔，以泪写成，扁舟下荆楚，卒于舟中。

　　我是杜甫，杜子美。

242

再见了，我的故土。

再见了，我的东都。

再见了，我的君王。